Stephan Sigg

Abschied von meiner Oma

STEPHAN SIGG

ABSCHIED VON MEINER OMA

WIE ES IST, WENN GROSSELTERN GEHEN

Patmos Verlag

VERLAGSGRUPPE PATMOS

PATMOS
ESCHBACH
GRÜNEWALD
THORBECKE
SCHWABEN
VER SACRUM

Die Verlagsgruppe
mit Sinn für das Leben

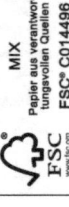

MIX
Papier aus verantwortungsvollen Quellen
FSC® C014496

Für die Verlagsgruppe Patmos ist Nachhaltigkeit ein wichtiger Maßstab ihres Handelns. Wir achten daher auf den Einsatz umweltschonender Ressourcen und Materialien.

Das Gedicht auf S. 124-125 ist ein Auszug aus Hilde Domin, Wie wenig nütze ich bin. Aus: dies., Gesammelte Gedichte. © S. Fischer Verlag GmbH, Frankfurt am Main 1987

© 2019 Patmos Verlag
Verlagsgruppe Patmos in der Schwabenverlag AG, Ostfildern
www.patmos.de

Umschlaggestaltung: Finken und Bumiller, Stuttgart
Umschlagabbildung: Andrii Orlov/shutterstock.com
Autorenfoto: Ana Kontoulis
Gestaltung, Satz und Repro: Schwabenverlag AG, Ostfildern
Druck: GGP Media GmbH, Pößneck
Hergestellt in Deutschland
ISBN 978-3-8436-1164-0

Für dich, Oma.
Für alle Großeltern,
ihr rockt die Welt!

INHALT

OMAS WELT

Bei dir war alles möglich, was ich zu Hause nicht mal zu denken gewagt hätte. Wenn ich dich besuchte, wechselte ich nicht nur die Stadt und das Land, sondern die Welt. Hier wurde eine andere Sprache gesprochen, hier tickten die Uhren anders, hier galten andere Regeln. Hier gab es Cola, bis mir übel war. Fernsehen, bis sich vor meinen Augen alles drehte – zu Hause war nur eine halbe Stunde am Tag erlaubt. Zum Glück wusste meine Mama das nicht. Beim Wort Schlaraffenland musste ich immer an dich denken. Du kochtest, was ich mir wünschte: Auch wenn es drei Tage am Stück Kässpätzle oder Kaiserschmarrn gab.

Fast kam es mir so vor wie in Pippi Langstrumpfs *Villa Kunterbunt.* Ich durfte auf dem Bett hüpfen, bis die Nachbarn von unten mit dem Besen gegen die Decke stießen oder an der Tür klingelten. Dabei war dir die Ordnung sehr wichtig: Chaos war dir ein Gräuel, auf Ablagen und Tischen lag nichts rum, alles war in Schubladen versorgt, alles war am richtigen Ort. Und trotzdem machtest du deine Wohnung zum Kinderparadies. Das Wohnzimmer wurde zum »Verkaufsladen« umgekrempelt. Der Tisch wurde verschoben, alle Konserven und andere Lebensmittel aus der Vorratskammer hervorgeholt, mit Preisetiketten versehen. Tapfer kauftest du immer und immer wieder ein, ließest dich von mir beraten, mal das eine, mal das andere Produkt empfehlen, bis ich endlich genug hatte.

Du warst eine »Kultur-Oma« mit den Schlüsseln zu allen Fantasiewelten. Wir besuchten jeden Zirkus, der in die Nähe kam, das Weihnachtsmärchen im Theater und jeden Kinderfilm im alten Vorstadtkino, ob *Kevin allein zu Haus* oder *Jurassic Parc*. Auch als ich fünfzehn war, fragte ich dich manchmal, ob du mitkamst – und du sagtest nie Nein, auch wenn die Inhaltsbeschreibung dir total suspekt vorkam. Ein Film über die *Spice Girls* – Warum nicht? Natürlich war es berauschend, so viel zu machen, die vielen Geschenke und Abenteuer. Aber ich glaube, schön war es vor allem, weil du dabei warst und dir die Zeit nicht zu schade war. Auch konnte ich mit dir nach dem Kino oder dem Theater stundenlang das Stück, den Film rekapitulieren, weil *Kevin allein zu Haus* oder ein anderer Hollywood-Blockbuster bei mir so viel ausgelöst hatte und mir so viele Details aufgefallen waren. Du hast meine Fantasie gefördert und gezeigt, wie wichtig es ist, die Ideen aus dem Kopf rauszulassen, einfach mal auszuprobieren.

Als ich auf die Welt kam, warst du Anfang fünfzig. Dir gefiel es, dass du mit mir erleben konntest, wofür dir dreißig Jahre zuvor mit meiner Mama die Zeit fehlte – ihr habt sie damals jeden Sommer in den Ferien nach Villach geschickt, da ihr Tag und Nacht mit der Bootsvermietung in Bregenz beschäftigt wart. Uns trennen zwei Generationen, zwischen uns lagen zwei Welten, und doch hast du meine verstanden. Manchmal besser als meine Mama, so schien es mir. Du bist als Kind vor den Bomben in den Wald geflüchtet, ich wusste schon in der ersten Klasse, einen Gameboy zu bedienen, du warst eine der ersten in der Nachbarschaft, in deren Wohnung ein Farbfernseher stand, ich konnte schon als Kind zwischen dutzenden Privatsendern herumzappen. Dass du aus einer anderen Zeit kamst, wurde mir erst bewusst, wenn du von damals erzähltest. Du hast nie von selbst damit angefangen, nur, wenn ich dich ausfragte und wissen wollte, wie es denn damals genau war.

Von uns zu dir waren es etwa zwanzig Minuten mit dem Auto. Ich hatte zu Hause alles: ein großes Zimmer, viele Spielsachen, den Computer, wir wohnten in einem Haus mit Garten. Doch viel faszinierender fand ich das Hochhaus, in dem du lebtest und das zwölf Stockwerke weit in den Himmel ragte. Mit dem Lift, der einen ruckelnd nach oben brachte ins fünfte Stockwerk zu deinem Zuhause.

Mama war mit Erziehen beschäftigt, du hattest Zeit für alles andere. Du hast dich mit mir hingesetzt, auf das Sofa im Wohnzimmer, an den Tisch in der Küche. Du hast mir zugehört. Warum – frage ich mich heute – hast du nicht ab und zu Mama und Papa gecoacht, als sie mit mir »Pubertier« im Clinch waren? Die vielen Nachmittage, Tage, Wochenende, Ferien, die ich bei dir verbracht habe. Mit dir konnte ich telefonieren, stundenlang. Du schriebst mir SMS. Du warst gerade dann wichtig, als es schwierig war: die Herausforderungen in der Schule, Zukunftspläne schmieden, von zu Hause ablösen … In deinen Fragen kam zum Ausdruck, dass du wirklich an meiner Meinung, meinen Gedanken interessiert warst. Du konntest dich auch noch Wochen später an Dinge erinnern, die schon längst wieder aus meiner kindlichen und jugendlichen Wahrnehmung verpufft waren. Wenn ich wieder nach Hause musste, hatte ich oft Heimweh nach dir. Kaum zu Hause in meinem Zimmer, sperrte ich mich ein, und es kam mir vor, als würde gleich die Welt untergehen.

Damals habe ich mir eines sehr oft gewünscht: Nonstop Ferien bei Oma. Das wäre der Jackpot gewesen. Während die meisten meiner Freunde die Aufmerksamkeit ihrer Großeltern mit Geschwistern und Cousinen teilen mussten, profitierte ich von der Rolle des doppelten Einzelkindes: Mama hatte keine Geschwister, mein Bruder war noch zu klein – ich besaß das Oma-Monopol. Ein Monopol, das einen zusammenschweißt, das den einen für den anderen zu etwas ganz Besonderem macht. Ich war außer Konkurrenz, du warst außer Konkurrenz. Ich fand es gruselig, dass manche Kinder in meiner Klasse nur eines von fünf oder sieben Enkeln waren. Wie viel Zeit konnte sich da eine Oma, ein Opa noch für jedes einzelne nehmen?

Auf dem Parkplatz beim Marktplatz sah ich sie dann zum ersten Mal. Wir waren gerade ins Auto eingestiegen, ich auf dem Rücksitz. Die kleinen braunen Flecken auf deinen Händen. Ich erstarrte und hatte Angst, es anzusprechen. In meinem Kopf setzte sich die Alarmanlage in Gang: Eine unheilbare Krankheit? Müssen wir bald Abschied nehmen? Dass es ganz gewöhnliche Altersflecken sind, erfuhr ich erst irgendwann hinterher. Und da wurde mir vielleicht zum ersten Mal bewusst, dass wir endlich sind.

Dass die Zeit ihre Spuren in dir hinterlässt. Dass ein Countdown läuft. Dass du irgendwann nicht mehr da sein wirst. Nicht, dass wir das konsequent ausblendeten. Du schon gar nicht. Du nahmst mich oft mit zum Familiengrab, wo Opas Eltern und seine Tante lagen. Du warst für den Blumenschmuck verantwortlich. Ich half dir, die schwere Gießkanne vom Brunnen zum Grab zu tragen, das Unkraut zu jäten, die neuen Blumen zu pflanzen. Du wolltest nicht alt sein, nicht gebrechlich. Aber du gingst mit der Endlichkeit ziemlich gelassen um und versuchtest oft, mir und uns allen diese Gelassenheit zu vermitteln, selbst wenn Mama und ich diese Tatsache ausblendeten. Das Leben, der Lauf der Dinge, sei nun mal so, die normalste Sache der Welt. Wovor du dich fürchtetest, war, immer gebrechlicher zu werden, auf andere Menschen angewiesen und von ihnen abhängig zu sein. Ich hingegen wünschte mir, du würdest niemals sterben. Und je älter ich wurde, desto weniger wagte ich es, über diese Angst zu sprechen. Irgendwie klammerte ich mich an der Hoffnung fest, dass du hundert Jahre alt wirst – ein Geburtstag, der noch in sehr weiter Zukunft war. Hundert Jahre? Ist doch heute kein Alter mehr! Dankbar nahm ich jede Medienmeldung über einen »Rekord-Geburtstag« auf. »Nun ja, sie war ja auch schon alt«, hörte ich manchmal, wenn jemand mit zwanzig oder vierzig ihre Oma (oder ihren Opa) verlor. Für mich hörte sich das komplett falsch an. Meinten die das wirklich so? Als ob das zunehmende Alter den Schmerz wegnehmen könnte.

ABSCHIED

Wenn es nach dir gegangen wäre, hättest du dich schon viel früher aus dem Staub gemacht. »Warum dauert es so lange?«, hättest du uns gefragt, immer und immer wieder. Du hattest abgeschlossen, du wolltest es selber beenden, bis zum Schluss unabhängig deine Entscheidungen fällen. Es kam uns vor, als würdest du auf dem gepackten Koffer sitzen und auf das Taxi warten, das dich zum Flughafen bringt.

Wie gerne hättest du schon viel früher einfach im Bett die Augen geschlossen und wärst nicht mehr aufgewacht. Immer hattest du dein Leben selbstständig geführt, dich gegen jede Fremdbestimmung gewehrt. Und nun klappte es nicht, du musstest ausharren. Da konnten wir, deine Freundinnen, die Pflegerinnen und Ärzte dir noch so zureden, dir auf zeigen, dass es schöne Momente gibt trotz allem, da konnten sich alle noch so bemühen, dir positive Erlebnisse zu bereiten, dir irgendwelche Pläne einzureden. Da warst du bis zuletzt ganz du – eine Frau, die sich nichts einreden ließ, die alles durchschaute. Du sahst keinen Sinn mehr in deinem Leiden, in deinem Dasein. Es war keine Enttäuschung, keine Verbitterung. Du hättest einfach nie gedacht, dass es so lange dauern würde. Doch dein Körper war zäh. Das Herz blieb ein Kämpfer bis zum Schluss. Deine Zähheit wurde zu deinem Eigengoal.

Trotz der Ungeduld hast du dich zusammengerissen, wenn wir bei dir waren. Du hast nicht geklagt. Kein Gram in deinem Gesicht. Du hast dich weiterhin schön gemacht. Einmal im Monat kam die Friseurin ins Haus. Die Frisur, das Make-Up, modisch gekleidet, auf dem Nachtisch mehrere Parfümflacons. Die Wohnung war dir wichtig. Sie blieb bis zum Schluss modern und ordentlich. Auf keinen Fall sollte der Mief, die Vergangenheit Einzug halten! Ganz offen sprachst du aus, was wir nicht aussprechen wollten: Es würde immer weiter abwärtsgehen. Deine absolute Horrorvorstellung: an Maschinen angehängt zu sein, in einem Pflegeheim zu landen. Auch wenn dein Schlafzimmer in den Wochen vor deinem Tod fast schon so ausgestattet war wie eine Pflegestation und die Pflegerinnen ein und aus gingen, blieb es dein Zuhause, bis zur letzten Stunde.

In einer Januarnacht, nur zwei Tage nach deinem Geburtstag, war der Moment gekommen. Du durftest zu Hause sterben, in deinem Bett einschlafen. Dein Wunsch ist in Erfüllung gegangen.

NAMIKAS SONG

Ein paar Monate nach deinem Tod kommt das neue Album von Namika auf den Markt. Die deutsche Sängerin mit marokkanischen Wurzeln wurde 1991 geboren. Auf ihrem Album macht mich ein Song sofort hellhörig: »Hände«. Namika würdigt in diesem Lied ihre Großmutter. Eine uralte Frau, die Zeit hat ihre Spuren in Gesicht und Händen hinterlassen. Eine gläubige Frau, die viel gab und wenig zurückbekam. Namika singt davon, wahnsinniges Glück zu haben mit so einer Großmutter.

Ihre Großmutter hat mir meiner kaum etwas gemeinsam, und trotzdem hilft mir der Text. Ich fühle mich nicht mehr so schräg. Was ich auch erlebe, als ich nach ihrem Tod anderen erzähle: Es gibt noch viel mehr Leute in meinem Alter, für die die Großeltern so sehr wichtig sind und die sie geprägt haben. Die Lücken schlossen und all das übernahmen, für das die Eltern keine Zeit, keine Lust, keine Nerven hatten, und doch nie »Lückenbüßer« im negativen Sinn waren. Noch intensiver scheinen das öffentlich Menschen zu erleben, die jünger sind als ich. Wie zum Beispiel Namika. Erstaunlich, dass das trotzdem nicht Teil des öffentlichen Bewusstseins ist.

Wenn ich heute bei Workshops und Projekten mit Jugendlichen zu tun habe und wir über dieses Thema in Gespräch kommen, höre ich immer öfter, wie prägend Großeltern für sie waren, was sie alles mit ihnen erlebt haben oder wie groß der Verlust ist, wenn sie einmal nicht mehr da sind. In der Rap- und Popmusik gibt es neben Namika inzwischen viele weitere Beispiele. Doch wer online nach Tipps und Texten zum Umgang damit sucht, wird kaum fündig. Offensichtlich räumt unsere Gesellschaft dem Abschied von den Großeltern noch zu wenig Gewicht ein, oder Jugendliche und junge Erwachsene, die ihre Großeltern verlieren, sind sehr zurückhaltend dabei, über ihre Gefühle zu kommunizieren.

Für nicht wenige ist es heute selbstverständlich, auch noch als Jugendliche regelmäßig mit Oma und Opa Zeit zu verbringen. Sie finden sie »cool«. Das war vor einigen Jahrzehnten ganz anders. Der steigenden Lebenserwartung sei Dank sind heute immer mehr Senioren noch lange körperlich und geistig fit, um mit den Enkeln Zeit zu verbringen und ihnen etwas fürs Leben mitzugeben. Und das nicht nur in der Kindheit, sondern gerade in den turbulenten Teenagerjahren.

Während die Eltern Druck machen, einem ständig auf die Pelle rücken und genau wissen, was ihr Nachwuchs tun und auf jeden Fall vermeiden soll, ist bei Oma und Opa mehr Lebenserfahrung vorhanden. Sie reagieren entspannter auf die Macken, abenteuerlichen Pläne und Entgleisungen ihrer jugendlichen Enkel. Sie haben etwas Abstand zur Sache und eine andere Perspektive. Im Gegensatz zu Mama und Papa, deren Tipps und Ratschläge in der Pubertät giftig sind, ist das Verhältnis zwischen Teenager und Großeltern konfliktfreier. Ich kann mich an keinen Krach mit dir und Opa erinnern. Sicher liegt das auch daran, dass ihr meine ganz schwierigen Momente verpasst habt. Ihr wart nie in der Situation, ein Verbot aussprechen und Spielverderber sein zu müssen. Mama und Papa sind Alltag. Mit ihnen verbringt man jeden Tag unter dem gemeinsamen Dach. Da passiert es früher oder später ganz automatisch, dass man beginnt, sich gegenseitig mit seinen Macken zu nerven und zur Weißglut zu treiben. Oft reichen nur ein bisschen Stress oder die Müdigkeit nach einem anstrengenden Tag, dass die Fetzen fliegen und es so richtig knallt. Von Oma

21

und Opa bekommt man meist nur das Schönwetter-Gesicht mit. Die Vorfreude auf den gemeinsamen Nachmittag mit den Enkeln ist eine Energiequelle, die schlechte Laune und Angespanntheit in die Flucht schlägt. Während ich mich auf das Wiedersehen mit euch freute, war da kein Gedanke mehr an die verpatzte Matheklausur, an den Krach mit dem besten Freund oder die Eifersucht auf meinen Bruder.

Großeltern haben durch ihre eigenen Erfahrungen mit ihren pubertierenden Kindern die nötige Gelassenheit und das Vertrauen entwickelt, dass doch alles gut ausgehen wird. Junge Menschen muss man einfach mal machen lassen. Großeltern stehen weniger unter Leistungs- und Erfolgsdruck, weil sie bereits mindestens ein Kind erfolgreich großgezogen haben. Sie wissen, dass in der Erziehung es gerade dann komplett schiefgehen kann, wenn man alles ganz richtig machen will – und umgekehrt. Sie haben erkannt, dass Gelassenheit oft die wichtigste Eigenschaft ist.

Oma und Opa sind gegenüber Eltern eindeutig im Vorteil. Sitzen Großeltern und Enkelkinder nicht im selben Boot? Wir haben uns oft über Mama und Papa unterhalten und versucht, eine Erklärung für ihre Reaktion, für ihr Verhalten und ihre Entscheidungen zu finden. Ich kann mir gut vorstellen, wie es zwischen Mama und dir oft gekracht hat. Und manchmal schüttetest du bei mir das Herz aus, weil Mama und du in die Haare geraten waren. Und ich lernte meine ersten Lektionen in Streitschlichten. Ich versuchte bei beiden Verständnis für die andere Seite zu wecken. Dank euch bekam ich eine Ahnung davon, wie Mama gewesen war, bevor Papa, bevor ich auftauchte. Ich erfuhr von ihren Höhen, ihren Tiefen. Ich lernte Papa und Mama mit anderen Augen sehen, losgelöst von ihrer Rolle in der Familie als Individuen zu sehen.

So wie alle Enkel und Großeltern waren auch wir beide in zwei verschiedene Richtungen unterwegs, für dich und mich standen ganz andere Herausforderungen an, aber wir hatten eines gemeinsam: Wir waren beiden unterwegs in einen neuen Lebensabschnitt. Waren die ersten Jahre als Frührentnerin, als du noch gesund warst und wir so viel unternahmen, für dich so etwas wie eine zweite Jugend? Du warst so voller Energie, voller Ideen. Im Unterschied zu meinen Eltern, zu anderen Erwachsenen kamst du mir so jugendlich vor. Du wagtest Experimente, du setztest auf Risiko — voller Spannung, wie es ausgeht.

23

Sind nicht die Großeltern die wahren Helden dieser Welt? Warum sind sich nur wenige bewusst, wie prägend sie für die Gesellschaft sind? Sie werden nur selten gewürdigt. Sie sind so etwas wie Klammern, die Familien zusammenhalten. Hat schon einmal jemand gezählt, wie oft sie einfach so einspringen, wie viele Stunden Baby- und Kinderbetreuungsdienst sie leisten, wie oft sie Eltern vorm Nervenzusammenbruch bewahren oder wie viele unbeschwerte gemeinsame Stunden Paare erleben konnten, weil die Kinder in der sicheren und kostenlosen Obhut von Oma und Opa waren? Wie oft haben Mama und Papa sich bei dir bedankt, dass sie dank dir einen Nachmittag, ein Wochenende oder sogar mehrere Tage Urlaub von mir hatten? Dank dir musste nie eine »externe« Babysitterin aufgeboten werden. Die Eltern sind mit dem »Grobtuning« ausgelastet, die Großeltern haben Zeit und Muße für das »Feintunig«.

Oma und Opa tun oder unterlassen etwas bewusster. Bei ihnen ist Gelegenheit, über die großen Fragen zu sprechen. Das haben auch wir oft getan. Woher kommen wir, wohin gehen wir? Worauf kommt es an im Leben? Warum sind die Menschen so? Warum ist die Welt, wie sie ist? Und wie könnte man sie zu einem besseren Ort machen? Ich kann

24

mich nicht mehr erinnern, was du und Opa mir geantwortet habt. Aber ich meine, dass ihr euch immer genügend Zeit genommen habt. Ihr wart nicht schon auf dem Sprung zum nächsten Termin. Ich erinnere mich, dass ihr immer aufrichtig gewesen seid und dazu standet, bei manchen Fragen selbst wie ich auf die passende Antwort zu warten.

Ihr wart nicht immer da. Ihr wart die Sternstunden im Alltag. Ihr wart der »Ausnahmezustand«, auf den ich mich freuen und den Countdown herunterzählen konnte. Die Stunden mit euch waren kostbar. Hinterher erinnert man sich an den schönen Nachmittag, erzählt völlig euphorisch Mama und Papa und in der Schule davon und lässt das Erlebnis dadurch erst recht funkeln wie einen kostbaren Diamanten. Habt ihr auch euren Bekannten begeistert von Erlebnissen mit mir berichtet? Wenn ich euch sah, erlebte ich euch im besten Licht, und ihr erlebtet mich von der besten Seite. Was wohl herausgekommen wäre, wenn ich wirklich mal mehrere Wochen am Stück bei Opa und dir verbracht hätte?

Oma und Opa sind nicht selbstverständlich. Von Freundinnen und Freunde bekam ich mit, wie sie teilweise schon in der Grundschule von ihren Großeltern Abschied nehmen mussten. An einem Schultag fehlten sie ganz überraschend, weil sie zur Beerdigung ihrer Oma oder ihres Opa mussten. In mir zog sich dann immer alles zusammen.

Aber dennoch ist der Tag gekommen. Der Tag, vor dem wir uns gefürchtet hatten. Wir wussten, dass es nicht mehr lange ging, wir besuchten dich noch, sooft es möglich war, jeder Besuch war ein kleines Abschiednehmen. Wir hätten dich gerne länger gehalten. Egoistisch, wie man ist, klammerten wir uns an unser Bedürfnis, dich besuchen, mit dir sprechen zu können, und doch bekamen wir schon längst mit, welche Last das Leben für dich geworden war. Und so wurde Monat für Monat, Woche für Woche dein Wunsch zu gehen immer mehr auch unser Wunsch und deine Hoffnung, endlich einschlafen zu können, auch unsere Hoffnung. Weder du noch ich hatten damit gerechnet, dass es so lange gehen würde.

Jetzt bist du gegangen, und doch lebst du in mir.

DIE ROTEN MOTORBOOTE

Das Foto beweist es. Du hast es vergrößern lassen, es hängt seit Jahren in deinem Arbeitszimmer, mittlerweile etwas ausgebleicht: Der Himmel ist strahlendblau, ein Sommertag wie aus dem Bilderbuch. Ich bin vier oder fünf, als ich zum ersten Mal ganz allein im roten Motorboot sitze, die Sonne kitzelt mein Gesicht, die Hände umklammern das Steuer, ich bin bereit zur großen Fahrt über den Bodensee. Nach Lindau? Nach Friedrichshafen? Oder doch noch weiter, den See hinunter, nach Konstanz? Was mir damals durch den Kopf ging, weiß ich nicht mehr. Ich blicke etwas grimmig. Vielleicht weil ich weiß, dass ich nicht weit komme. Nicht einmal einen Meter. Der Motor läuft nicht, selbstverständlich ist das Boot fest an den Steg gebunden und Oma steht direkt neben dem Boot, damit nichts geschieht.

Frühling, Sommer und Herbst gehörten der Bootsvermietung. Eigentlich das ganze Jahr. Sie war immer irgendwie präsent, es gab täglich etwas zu erledigen. Denn im Winter war man schon wieder mit den Vorbereitungen für die nächste Saison beschäftigt. Saisonstart war meistens an Ostern. Für dich und Opa hieß das, von früh bis spät auf den Beinen zu sein. Und das sechs, manchmal sogar sieben Tage die Woche. Fröhlich bunt leuchteten die Ruder-, Motor- und Tretboote um die Wette und lockten die Touristen an. *Happy summer feeling.* Die Farben täuschten darüber hinweg, welchen Kampf es für dich bedeutete, deine Tage dort unten vor dem kleinen Holzkassenhäuschen zu verbringen. Nur durch eine orangefarbene Markise von der Sonne geschützt. Doch du nahmst mir nichts von diesem Glauben.

Euer Betrieb war für mich eine Art *Disneyworld*: auf dem wackeligen Steg sitzen, Expeditionen auf die bröcklige Hafenmauer, Enten und Möwen füttern, mit dem großen Besen den Steg und die Boote schrubben, mit der paar Schillingen, die du mir in die Hand gedrückt hast, beim Kiosk für ein Wallnuss-Cornetto anstehen und an drückend-schwülen Julinachmittagen im Dunklen des Bootshäuschen zuckrig-klebrige Limonade schlürfen, während ich durch den Türspalt die wartenden Kunden vor der Kasse keine Sekunde aus den Augen ließ. Andere

Kinder spielten Polizist oder Baggerführer – ich war Bootsverleiher. Eine Beschäftigung, mit der ich dann in der Schule den ganzen Pausenhof in Staunen versetzen konnte. Wenn mal besonders wenig – oder besonders viel los war, machten wir sogar ernst: Ich durfte das zweite Häuschen auf der anderen Seite des Hafens aufmachen.

Während Opa, Mama und ihre Angestellten bei Häuschen 1 sich abrackerten, kümmerten wir uns bei Häuschen 2 ganz allein um die Vermietung der Boote – und schafften das genau wie die anderen, wenn nicht sogar besser. Ein absolutes Ferienhighlight! Natürlich spürte ich schon damals, dass es auch noch eine andere Seite der Medaille gab. Ich wunderte mich, dass ihr nicht öfter mit mir mit dem Boot auf den See wolltet. Ich musste euch zu Ausflügen regelrecht überreden. Wenn ihr doch jederzeit Boote zur Verfügung habt, warum schippert ihr nicht in jeder freien Minute los? Ich wäre täglich irgendwohin gefahren.

Wann wurde euch bewusst, dass es ein Ende haben würde? Dass es keine nächste Generation geben würde? Bestimmt war dir lange vor Opa klar, dass weder meine Eltern noch ich für eure Nachfolge infrage kamen. Und du hättest auch alles dafür gegeben, uns zu ersparen, in eure Fußstapfen treten zu

29

müssen. Habt ihr lange mit euch gerungen, bis euer Entscheid feststand, den Betrieb zu verkaufen? In den Jahren danach habe ich oft mit euch über diesen Schritt gesprochen. Ihr beide seid diesem Thema ausgewichen: Opa, weil er – so schien mir – noch immer an diesem Betrieb hing, du, weil du zu viele negative Erinnerungen damit verbunden hast. Doch ganz konntest du dich nicht verstellen: Ich konnte deine Gedanken lesen, wenn an einem heißen Sommertag plötzlich ein Sturm aufzog, wenn an einem Regentag plötzlich der Himmel aufriss, ein Leben lang hatte der Wetterwechsel dir den Takt vorgegeben. So was legte man nie mehr ab.

Du gingst mit sechzig in Rente, um endlich Zeit zu haben für das, was dir wichtig war, nicht mehr verantwortlich zu sein für vierzig Boote, für mehrere Angestellte, nicht mehr abhängig zu sein von Wetterkapriolen, die Sommer genießen zu können. Für mich war der Abschied von der Bootsvermietung, das Ende dieses sommerlichen Paradieses, ein Weltuntergang.

Ich hatte wie ihr werden wollen. Hatte ich mir doch schon ausgemalt, später mal diesen Betrieb zu übernehmen und wie du Einheimische und Gäste aus aller Welt an der Kassa zu begrüßen, Geld einzukassieren, ihnen ihr Boot zuzuweisen und bei der

Abfahrt zuzuwinken: »Genießen Sie es!« Wir wussten nicht, dass mit diesem Tag für uns beide erst das
richtig aufregende Leben begann.

IM GELBEN SPORTWAGEN

Mit deinem gelben Sportwagen warst du oft zu schnell unterwegs. Das bedeutete für dich Freiheit, Unabhängigkeit. Für mich war es eine Mischung aus Rettungswagen und *Raumschiff Enterprise*, auf das man hoffen konnte, wenn man aus allem rauswollte. In deinem Sportwagen warst du schon von weitem zu sehen. Auf dem Parkplatz vor dem Haus. An den Ampeln in der Stadt. Unterwegs durch die Stadt, rein ins nächste Abenteuer. Er hat dir eine Menge bedeutet. Überall hinkommen. Sich zu jeder Tages- und Nachtzeit spontan für ein Ziel entscheiden. Ja, während andere Großmütter, die ich kannte, nicht einmal den Führerschein hatten, hattest du dein eigenes Auto.

Oft habe ich ganz ungeduldig mittags vor der Schule gewartet, bis ich endlich deinen Wagen sah. Du hast dein Auto bis zum Schluss behalten. Es wegzugeben, wäre dir einer Kapitulation gleichgekommen. Jahrelang stand es unbenutzt auf dem Parkplatz vor dem Haus, nur Opa fuhr es ab und zu aus, damit sich nicht die Batterie entlud. Ob du es vom Küchenfenster im fünften Stock noch manchmal betrachtet hast? Was ging dir dabei durch den Kopf?

Jedes Leben kann man auf unterschiedliche Weisen erzählen. Welches Genre hättest du für dein Leben gewählt? Die Auswanderungsgeschichte? Bis heute weiß ich nicht genau, wo du herkamst. Ich habe dich oft gefragt, doch nur wenig erfahren. Heute tut es mir leid, dass ich nicht hartnäckiger war. Du bist in Kärnten auf dem Land aufgewachsen. Ich gebe die beiden Orte in *Google Maps* ein: 600 Kilometer liegen zwischen Bregenz und Villach. Ich habe nie Fotos gesehen, aber so, wie du es mir beschriebst, hörte es sich ziemlich bäuerlich an. Ich sah ein zugiges Haus aus Holz vor mir, weit von der Zivilisation entfernt, Pferdewagen, die über Feldwege fuhren, große Äcker. Hast du eine Ausbildung gemacht, bevor du als 18-Jährige in den Zug stiegst, der dich ans andere Ende von Österreich brachte? Von Kärnten an den Bodensee – einmal quer durch. Das entsprach damals wohl einer Tagesreise. Was ging dir durch den Kopf, als du den Koffer packtest für den Aufbruch in eine völlig unbekannte Welt, so wie es viele andere Kärntnerinnen und Kärntner in deinem Alter in den 1950er- und 60er-Jahren taten? Wie hast du dir deine neue Heimat vorgestellt? Wie hast du dich vorbereitet? Du hättest nicht aufbrechen müssen, du warst die Einzige in deiner Familie. Was war die Motivation zu diesem Sprung ins kalte Wasser – Lust auf Abenteuer oder der Wunsch nach Freiheit? Sehntest du dich nach Weite, nach einer Selbstständigkeit, die dir damals in deiner Heimat nur mit Abstrichen möglich gewesen wäre? Wartete dort ein Lebensentwurf, der dir nicht behagte: frühe Heirat, viele Kinder, Haushalt?

Von Anfang an musste in dir diese Kraft, dieser Drang nach vorne gewesen sein. Vorarlberg lockte mit Arbeitsplätzen, mit wirtschaftlichem Aufschwung. Die Industrie des westlichen Bundeslandes hatte den Zweiten Weltkrieg relativ unbeschadet überstanden und brummte sehr schnell wieder. Arbeitskräfte wurden dringend gesucht. Wie ging es dir in den ersten Wochen, Monaten? Wie sehr vermisstest du deine Heimat? Wie lange dauerte es, bis du dich heimisch fühltest? Ging es dir ähnlich, wie es heute manche Auswanderer schildern: Setztest du dich selbst unter Druck, musstest du es jenen, die zu Hause geblieben waren, zeigen? Gabst du alles, um den Zurückgebliebenen die Erfolgsstory liefern zu können: die österreichische Version von »Vom Tellerwäscher zum Millionär«? Oder fiel es dir gerade deshalb leicht, weil dich in der neuen Heimat niemand zurückhielt – du warst gezwungen, dein eigenes Leben aufzubauen, aber fernab von Eltern und Familie musstest du auch keinen Erwartungen und Konventionen die Stirn bieten – niemand hinderte hier deine Emanzipation.

Von dieser Zeit hast du kaum etwas erzählt. Ich bekam mit, dass es nicht einfach gewesen war. Du bliebst mit der Familie in Kontakt. Bis fast zum Schluss warst du mit deinen Geschwistern in intensiver telefonischer Verbindung. Doch als Kind hatte ich mich gewundert, dass ihr euch nicht öfter besucht habt. Ich wäre gerne mal mit dir nach Kärnten gefahren. Ich war neugierig auf diese Großfamilie am anderen Ende Österreichs. Du hast das immer abgeblockt. Hattest du Angst, dass sie ein differenzierteres Bild von dir bekommen? Nur ein paar Mal begegnete ich als Jugendlicher und junger Erwachsener deinen Schwestern oder Nichten. In den Gesprächen redeten sie von dir als der emanzipierten, modernen Frau. Erst in den letzten Jahren hörte ich ab und zu dein Bedauern, dass du damals nicht mehr unternommen hast, um Kontakte aufzubauen.

In Bregenz wolltest du weiterkommen. Du hast dich gebildet, wolltest lernen. Du warst belesen. Heinrich Böll, Siegfried Lenz, Heinz G. Konsalik. Auf diese Namen stieß ich zum ersten Mal in deinem Wohnzimmer. Auf den Buchrücken in deinen Regalen waren die ganzen Klassiker der Nachkriegszeit versammelt. Du warst mein Lexikon. Autodidaktisch hast du dir alles angeeignet und lerntest dazu, auch noch als Seniorin. Du hast dir ein modernes Umfeld aufgebaut. Viele deiner Freundinnen waren ähnlich wie du.

Neugierig und mutig auf Unbekanntes sich einlassen – das scheint eine deiner Lebenskonstanten zu sein. Diese hast du auch im hohen Alter nicht aufgegeben. Nicht Mainstream sein, eine eigene Meinung haben, sein eigenes Ding durchziehen. Und versuchen, die eigenen Träume zu realisieren, selbst wenn andere einen nicht ernst nehmen oder sogar für verrückt erklären. Vielleicht bereitetest du mir damit auch das Fundament, dass ich als Kind davon zu träumen begann, Autor zu werden, und alles dafür tat, diesen Traum Wirklichkeit werden zu lassen.

Während meine Welt an Größe gewann, wurde dein Radius kleiner. Jedes Jahr ein bisschen mehr. Zuerst wagtest du dich nicht mehr in die Konzerte, die Theateraufführungen. Schon immer stecktest du

36

eine Handvoll Hustenbonbons ein, wenn du nach draußen gingst. Dir war es unangenehm, die Vorstellung zu stören, zuerst mit der Atemnot, dem schweren Husten, dann mit dem mobilen Sauerstoff. Du konntest die Wohnung nicht mehr verlassen. Zum Schluss bist du fast drei Jahre am Stück nur zu Hause gewesen – unterbrochen von Krankenhausaufenthalten. Trotzdem bliebst du offen für das, was draußen in der Welt geschah. Das Telefon, die Zeitungen und der Fernseher waren die letzten Tore zur Welt. Das wussten deine Freundinnen zu nutzen. Wenn man bei dir war, klingelte es ständig. Oft sogar Festnetzanschluss und Handy parallel. Du hattest dich schon immer in der Rolle der Zuhörerin wohlgefühlt, hast dir stundenlang die Ohren vollreden lassen von den anderen. Ich verstand nicht, warum du da nicht mehr die Ohren auf Durchzug stelltest. Vergeblich versuchte ich dir da mehr Oberflächlichkeit beizubringen.

Damit du mit *deinen* Geschichten rausrücktest, musste jemand schon wirklich sehr hartnäckig sein und lange nachbohren. Warum fiel es dir so schwer, dich zu öffnen, dein Innerstes preiszugeben? Weil du wusstest, dass deine Freundinnen zu wenig zuhören, dich sowieso nicht richtig verstehen würden?

37

Oder lag es daran, dass dir Taten wichtiger waren als Worte?

Du warst fröhlich, du konntest dich von anderen zum Lachen anstecken lassen. Aber es gibt kein Foto von dir, auf dem du ausgelassen bist. Die unkontrollierte Ausgelassenheit war dir fremd. Habe ich dich je mit einem Lachkrampf gesehen? Lieber Festspiel-Empfang als Bierzelt. Es muss dich viel Überwindung gekostet haben, mit mir all die Faschingsumzüge zu besuchen, stundenlang in der Kälte zu stehen und die Ausgelassenheit zu erleben. Die andere Seite fiel mir als Kind schon auf: eine Melancholie, manchmal sogar Traurigkeit, über die du nicht sprechen wolltest. Ich sollte das nicht mitbekommen. Legtest du so viel Wert darauf, dass ich bei dir nur Schön-Wetter-Tage erlebe, weil du selber nur zu gut erlebt hast, wie stürmisch und trüb es da draußen ist? Heute glaube ich, dass da auch eine Angst war, verletzt oder gar verlassen zu werden. Nur wenige Menschen hast du ganz nah an dich rangelassen. Für diese tatest du alles. Weinte sich eine Freundin bei dir über ihre finanziellen Sorgen aus, stecktest du ihr einen Schein zu, ohne ihn je zurückzufordern. Ging eine Person auf Distanz, überhäuftest du sie mit Geschenken, mit Materiellem, in der Hoffnung, so die Distanz abzubauen.

Hast du auch mich deshalb immer so mit Präsenten überhäuft? Wir zogen oft gemeinsam durch die Einkaufszentren. Oder war es für dich eine Bestätigung, es geschafft zu haben, dir endlich alles leisten zu können? Während ich bei meinen Eltern mitbekam, dass man Geld wohlüberlegt ausgab, dass es nur für einen Restaurantbesuch pro Monat reichte, gab es bei Ausflügen mit dir kein Limit.

Du warst wild, manchmal auch verwegen, leicht kriminell, du trautest dich was. Fasziniert beobachtete ich vom Rücksitz deines Autos, wie du dir ein Geheimfach präpariert hattest, in dem du Zigaretten über die Grenze schmuggeltest. Du warst ein Kind des Wirtschaftswunders. Auch Jahrzehnte danach erzähltest du begeistert, wie ihr zum ersten Mal den Farbfernseher bei euch in Betrieb genommen habt – den ersten in der ganzen Straße. Kam ein neues Küchengerät auf den Markt, sahst du sofort eine Verwendung dafür, und es dauerte nicht lange, bis es in deiner Wohnung in Betrieb genommen wurde. Du warst die Königin der Versandhauskataloge. Ständig brachte der Postbote neue Wälzer, und du bestelltest so eifrig, dass heute manche Zalando-Queen vor Neid erblassen würde. Wäre das Internet für dich eine zu große Versuchung gewesen? Als wir über Online-Shopping sprachen, stellte ich mir vor, wie du nächtelang die Online-Shops nach Schnäppchen durchstöberst.

Technischer Fortschritt und Innovationen faszinierten dich, egal in welchen Bereichen. Andere in deinem Alter sahen die Gefahren, du erkanntest die Chancen. Du verfolgtest aufmerksam die Entwicklung. Ich konnte dir mein Tamagotchi anvertrauen und nach einer längeren Einführungssession darauf zählen, dass du das »virtuelle« Tier ernst nahmst und rechtzeitig füttertest.

»Warum war ich damals nicht etwas hartnäckiger?«, sagtest du in den letzten Jahren manchmal. Du hattest dir früh einen Computer gekauft und erste Versuche mit den Grundprogrammen unternommen, doch der Funke sprang nicht über. Dir erschloss sich der Nutzen nicht. Am Ende stand das Gerät in deinem Arbeitszimmer und setzte immer mehr Staub an und blieb ein Fremdkörper. Hätte ich hartnäckiger sein sollen und dir den Zugang zu dieser neuen Welt eröffnen sollen? Da haben wir beide etwas verpasst. In den letzten Jahren, als du die Wohnung nicht mehr verlassen konntest, hätte ich mir oft gewünscht, du könntest dich jetzt wenigstens online auf Reisen begeben, weil du wie gemacht warst für den großen Pool der Informationen. Bestimmt hättest du nächtelang geskypet mit deinen

Schwestern, die am anderen Ende von Österreich lebten. Jetzt bereutest du es, kein Tablet bedienen und nicht im Internet surfen zu können. Wie hätten dich die ganzen Informationen gereizt. Immer und immer wieder erkundigtest du dich bei mir, wie denn dieses oder jenes online funktionierte und wie ich damit umging. Wie gerne hättest du manche Medienereignisse online kommentiert. Wenn ein Moderator in einer Show die Zuschauer zum Mitdiskutieren aufforderte, juckte es dir in den Fingern. Vielleicht hätte es für dich vieles einfacher gemacht, wenn du dich online mit anderen, die wie du an dieser Lungenkrankheit litten, hättest austauschen können. Wenn du hier unkomplizierter und selbstständiger Tipps zur Linderung der Beschwerden bekommen hättest.

Mich hat beeindruckt, dass du nicht im Gestern klebtest. Wie du Neuem vorurteilslos begegnetest, immer versucht hast, die Chancen vor den Gefahren zu sehen. Du hast nicht dem Vergangenen hinterhergetrauert, so wie das viele anderen in deinem Alter taten. Ich bekam das bei Opa und einigen deiner Freundinnen genügend mit. Schon damals spürte ich insgeheim, dass es bei diesem Schlechtreden der Gegenwart eigentlich um etwas ganz Anderes ging. Als wollten sie mir meine Zukunft madig machen.

Die Vergangenheit zu verklären, es sich in der Nostalgie gemütlich einzurichten, war überhaupt nicht dein Ding. Wenn irgendwo in den Medien ein Zukunftsprojekt angekündigt wurde, das erst in zehn, fünfzehn Jahren realisiert sein würde, äußertest du dein Bedauern, das nicht mehr erleben zu können – nicht, weil dir die eigene Endlichkeit zu schaffen machte, sondern weil dich einfach das Ergebnis brennend interessiert hätte. Du hättest es noch so gerne mit eigenen Augen gesehen und dir ein Bild davon gemacht.

Und doch, das wird mir erst heute bewusst, war deine Zukunftsorientierung kein totalitärer Fortschrittswahn. Trotz Weiterentwicklung machtest du nie Tabula Rasa mit der Vergangenheit. Als ich nach deinem Tod deine Wohnung genauer betrachte, stelle ich erstaunt fest, dass du sehr wohl das eine oder andere bewahrt hast: eine antike Wanduhr, den Spiegel mit dem Goldrahmen im Vorzimmer, das »Rumtopf«-Gefäß aus Keramik, in dem du im Sommer die Früchte einlegtest – sie waren schon seit Jahrzehnten bei dir. »Wie lange hast du das schon?«, hatte ich dich als Kind manchmal gefragt, »woher hast du es?« Ich hoffte, eine spannende Geschichte dahinter zu erfahren. Und sie ließ nicht lange auf sich warten. Danach spazierte ich immer ganz ehrfurchtsvoll an diesen alten Objekten vorbei. Wenn ich dir half, sie abzustauben, wagte ich es kaum, sie mit dem Staubwedel zu berühren. Irgendwann blieb die antike Wanduhr stehen. Niemand bekam heraus, was ihr fehlte.

DAS
HUNDE-PROJEKT

Lautes Hundekläffen ist zu hören, schon lange bevor wir die Zwinger sehen. Die Dame führt uns den Gang hinunter. Wir sind im Tierheim. Ich wollte unbedingt ein Haustier. Mama und Papa nicht. Vergeblich hatte ich monatelang versucht, sie zu überreden. Dann hatte ich dir diesen Floh ins Ohr gesetzt und geschickt immer wieder mit diesem Thema angefangen. Denn so vieles, das bei Mama und Papa nicht möglich war, wurde bei dir dann doch möglich. Manchmal musste man einfach auf die Salami-Taktik setzen: Stück für Stück. Zuerst gemeinsam ein paar Folgen *Lassie* im Fernsehen anschauen und dabei ständig lauthals seufzen: »So süß! Findest du nicht auch?« Dann in der Buchhandlung, ganz zufällig, hatte ich einen Ratgeber über Hundehaltung in den Händen: »Nehmen wir das? Ist bestimmt sehr lehrreich!« Und dann plötzlich diese Anzeige in der Zeitung: Hunde suchen ein neues

Zuhause! Klick – und jetzt gibt es auch für dich kein Halten mehr. Ich habe dich mit meiner Hundeidee angesteckt. Du gehst mit der Zeitung zum Telefon, wählst die Nummer und kündigst unseren Besuch an. Schon sitzen wir im Auto und fahren los. Niemand weiß was von unserem Plan, das ist unser Geheimprojekt! Im Tierheim versuchen gleich mehrere Hunde, mein Herz zu erobern. »Warum nicht gleich zwei?«, geht mir durch den Kopf, aber sofort ignoriere ich den Impuls. Es wird schon schwer werden, Opa und meinen Eltern *einen* Hund schmackhaft zu machen. Wir wählen einen aus und fahren euphorisch nach Hause. Was wir alles mit diesem Hund machen werden! Was wir alles einkaufen müssen: einen Napf, eine Leine, Hundefutter, einen Ball ... Wo überall wir mit ihm Gassi gehen werden! Ich stelle im Kopf schon mehrere Routen durch die Stadt zusammen. Er soll ein abwechslungsreiches Leben haben. Viele Abenteuer, so wie *Lassie* im Fernsehen ...

Doch ein paar Tage später rufst du an und bittest um Bedenkzeit. Nochmals alles ganz genau überlegen. Du sprichst von der großen Verantwortung. Wir hätten uns noch zu wenig überlegt, wie aufwändig ein Hundeprojekt ist ... Für mich stürzt eine Welt ein. Und ich bin sauer auf Opa, Mama,

Papa, auf die ganze Welt. Bestimmt haben sie dir die Ohren vollgeredet und versucht, dich mit x absurden Argumenten von der Idee abzubringen. Wahrscheinlich hast du erst da realisiert, worauf du dich einlassen würdest. Bei anderen Dingen hattest du es tapfer durchgezogen, weil du mich nicht enttäuschen wolltest. Beim Hund gelang es Mama und Opa, die Notbremse zu ziehen. Es fiel dir nicht leicht, die Aktion wieder abzublasen. Wir haben nie mehr ein Wort darüber verloren. Erst kurz vor deinem Tod fiel dir diese Episode wieder ein, und wir riefen sie schmunzelnd in Erinnerung. Ich hoffe, der Hund wurde bei einem anderen Frauchen glücklich.

Papa war mit seinem Geschäft beschäftigt und oft außer Haus und Mama mit meinem Bruder, der acht Jahre nach mir auf die Welt kam. Ich, frisch eingeschult, war gerade in einem Alter, in dem ich alles andere als Lust auf Babygeschrei und Kinderwagen hatte. Das ist auch eine der ersten Erinnerungen an meinen Bruder: Bei seiner Geburt durfte ich zu Oma – für mehrere Tage am Stück! Opa arbeitete trotz Frührente weiter, er war fast den ganzen Tag unterwegs, weil er seine Bauprojekte zu koordinieren hatte.

Du hattest ganz andere Interessen als Mama und Papa. Ausstellungen? Museen? Sie wären nie auf die

Idee gekommen, alleine oder mit mir dort hinzuge-
hen. Dich faszinierte die Kunst. Du konntest in einem Bild so viel entdecken. Es war dir wichtig, diese
Faszination weiterzugeben. Manche Ausstellung war
alles andere als kindgerecht. Einfach nur öde. Man
musste ganz still sein, sich ganz langsam bewegen,
vor jedem Bild kurz stehen bleiben und das Gesicht
beeindruckt verziehen. Aber natürlich hätte ich nie
übers Herz gebracht, dir das zu sagen. Ich spürte,
dass dir diese Kunstwerke wichtig waren. Ich unter-
drückte das Gähnen, so gut es ging, und gab mich
interessiert. Doch die Bilder sahen alle gleich aus.
Ich habe sie nicht verstanden, mir haben sie nicht
gefallen. Wolltest du mir damit ein Fundament für
mein Leben legen? Heute entdecke ich manchmal in
Ausstellungen ein Bild, das wir gemeinsam betrachtet hatten. Und es ist, als würde ich darin etwas von
dir entdecken. Etwas, das du mir mitteilen, etwas,
auf das du mich aufmerksam machen möchtest.

   Gab es zwischen Mama und Papa und dir oft
Konflikte, weil ihr unterschiedliche Vorstellungen
hattet wie bei dem Hunde-Projekt – bei der Erziehung, bei der Freizeitgestaltung, bei Preis und An-
zahl der Geburtstags- oder Weihnachtsgeschenke?
Gelegenheiten hätte es wohl viele gegeben. Das üppige Taschengeld, das Opa und du meinem Bruder

und mir zustecktet. Habt ihr viel diskutiert? Dann wohl nur heimlich, hinter meinem Rücken. Ich habe nichts mitbekommen. Ich glaube, ihr habt euch meistens respektiert. Natürlich versuchte ich manchmal, euch gegeneinander auszuspielen: Ich wollte auch zu Hause so viel Cola und so lange fernsehen wie bei Oma. Ich wollte die volle Aufmerksamkeit meiner Eltern und zwar jetzt sofort auf der Stelle – und nicht erst, nachdem Mama den Teppich zu Ende gesaugt oder Papa seine Buchhaltung erledigt hatte. Ich wollte, dass sie sich auf meine Fantasie einlassen, sich Zeit nehmen, stundenlang mit mir zu träumen, und nicht gleich unzählige rationale Gründe aufführen, warum eine Idee alles andere als realistisch ist und ich vernünftiger sein soll. Ich wollte, dass sie mich aushalten mit allen Launen und immer vollstes Verständnis für mich haben: »Warum könnt ihr nicht wenigstens ein bisschen so sein wie Oma? Das wäre doch wirklich nicht so kompliziert!«

DER OMA-
WETTBEWERB

Kurz vor zehn Uhr, draußen auf dem Pausenhof. Nicole erzählt von einer gigantischen Shopping-Tour mit ihrer Oma. Alle hörten gebannt zu. Was die alles bekommen hat! Stolz zeigt sie ihre neuen Turnschuhe und das abgefahrene T-Shirt. Wohl jeder ist ein bisschen neidisch. Wir blufften mit unseren Großeltern. In der Schule gab es oft nach einem Wochenende oder nach den Ferien ein Oma-Opa-Kräftemessen. Wir versuchten uns gegenseitig zu überbieten mit Erlebnissen und Geschenken. Doch was ich dabei auch erfuhr, und das konnte ich kaum nachvollziehen: Manche hatten gar keine Beziehung zu ihrer Oma, sahen sie selten, riefen sie auch nie an. Es gab sogar welche, die ihre Großeltern nicht so wichtig, nicht so ernst nahmen — sie waren einfach alt, langsam, kompliziert, engstirnig, langweilig — von gestern. Davon konnte ich mich selber überzeugen, wenn ich ihnen mal bei meinen Freunden zu

Hause über den Weg lief oder ihnen auf der Straße begegnete. Durch diese Gespräche und Beobachtungen merkte ich auch, dass du so anders warst: Du warst nicht dick, gebrechlich, du hattest keine grauen Haare, du warst so modern. In deiner Art, deiner Kleidung, mit deinen Interessen. Ich fand dich schick – mit deinem Fernseher im Schlafzimmer, mit dem du dir vor allem Politdiskussionen oder Kultursendungen reinzogst. Mit deinen Ausflügen ins Casino. Als wärst du einem glamourösen Hollywood-Film der 50er entsprungen. Diesen Glanz verbreitest du überall, wo du auftauchtest. Selbst unser Zuhause wirkte ganz anders, wenn du uns besuchtest. Meine persönliche Mary Poppins. Ich fand dich cool, wie du irgendwann auch RTL entdecktest, begeistert *Alarm für Cobra 11* verfolgtest und an jedem Abend der nächsten Folge von *Unter uns* entgegenfiebertest.

Du hast gerne gekocht und gebacken. Doch du warst kein Heimchen am Herd. Wenn ich mal bei Freunden war und diese von ihren Großmüttern besucht oder gehütet wurden, wurden sie sofort eins mit dem Haushalt. Sie schnappten sich den Putzlappen oder griffen nach dem Besen und machten sich daran, den Haushalt auf Vordermann zu bringen. Mochte alles noch so blitzblank aussehen, irgendwo entdeckten sie doch noch ein Staubkorn. Als wäre es das, was von ihnen erwartet wurde. Es war ihre natürliche Rolle. Ganz selbstverständlich putzten sie ihrer Tochter oder Schwiegertochter hinterher. Zeit mit den Kindern verbringen? Eher zweitrangig. Wenn dann die Mutter nach Hause kam, machten sie diese auf dieses oder jenes aufmerksam und wehe, die Beteuerungen »Das hättest du doch nicht machen müssen!« blieben aus. Ich habe kein einziges Mal erlebt, dass du bei uns zu Hause saubergemacht hast. Es wäre dir nie eingefallen, dich in den Haushalt meiner Eltern einzumischen. Das Einzige, was du hier machtest: dich mit meinem Bruder und mir zu beschäftigen. Du warst unternehmungslustig, wolltest die Welt entdecken. In einem schicken Café oder in einer Bar mit einem Drink, in dem die Eiswürfel klirren. Auch wenn du österreichisch warst so durch und durch, strahltest du etwas von Welt aus und brachtest Glamour an den Bodensee. Dich faszinierten Alice Schwarzer, Hilary Clinton, Hannelore Elsner ... die Selbstständigen, die Revoluzzerinnen, die Unangepassten und Stehauf-Frauen. Aus erwachsener Sicht warst du emanzipiert. Du definiertest dich nicht über deinen Mann. Du hattest deine eigene Meinung. Du warst nicht einfach sein Anhängsel, so wie ich das bei vielen anderen Paaren in deinem Alter bis heute beobachte. Frauen, die sich über ihren Mann definieren. Die fast nie ohne ihn unterwegs sind und alles von ihm abhängig machen. Ihr wart ein Ehepaar und gleichzeitig zwei Individuen. Zwei gleichberechtigte Geschäftspartner. Ihr habt euren Betrieb gemeinsam aufgebaut. Opa war für die Infrastruktur zuständig, du warst im *Front Office* – die Verkäuferin, die mit Charme und Freundlichkeit die Kunden willkommen hieß. Du warst verantwortlich für die Verhandlungen, für den Gang auf die Ämter. Mit Raffinesse, Selbstbewusstsein und Hartnäckigkeit machtest du dich für euer Anliegen stark. Mochte es manchmal auf Anhieb nicht gelingen, du bliebst dran. Irgendwann würden sie schon einlenken. Du konntest es mit allen – Leuten aus allen Milieus das Gefühl vermitteln, willkommen zu sein. »Stechen Sie mit dem Ruderboot in den See, gönnen Sie sich was, lassen Sie sich erfrischen!« Wie viel Anstrengung es bedeutete, hast du dir keine Sekunde anmerken lassen. Immer freundlich, immer perfekt gestylt, hast du die Tage bis zu deiner Rente gezählt. Danach mietest du die Uferpromenade. Ich erinnere mich, dass wir manchmal im Herbst dort vorbeispaziert sind, die Uferpromenade voller Herbstlaub, das laut raschelte. Kaum kam die Bootsvermietung in Sichtweite, bist du schneller gegangen und hast sie keines Blickes gewürdigt. Im Sommer warst du nie mehr dort. Und das lag nicht nur daran, dass dir die Hitze damals schon wegen deiner Lunge zu schaffen machte.

Dir war die Selbstständigkeit, die Unabhängigkeit so wichtig wie dem Fisch das Wasser. Lange bevor alle meine Freundinnen und Freunde ein Handy bekamen, hattest du dir eines gekauft und batest meinen Bruder und mich, dir alles zu erklären.

Entdeckte ich in der Zeitung einen Bericht oder eine Anzeige von einer Neueröffnung, brauchte ich dich nicht lange zu überzeugen. »Das müssen wir uns sofort ansehen!« Bei Opa und meinen Eltern hätte ich mir den Mund fusselig reden müssen. Mit dir war ich zum ersten Mal bei *McDonald's*. Wir beide nahmen fasziniert die frischeröffnete Filiale unter die Lupe und bestellten *Happy Meals*. Was haben deine Freundinnen Augen gemacht, als du davon erzähltest! Ich glaube, es hat dich manchmal stolz gemacht, deinen Freundinnen ein paar Schritte voraus zu sein und auch in deinem Alter ganz nah dran zu sein am Neuen, an der Moderne, an der Zukunft.

Das Einzige, worum ich meine Freunde in der Schule beneidete: Ihre Omas und Opas wohnten meistens im gleichen Dorf, wenn nicht, dann höchstens im nächsten oder übernächsten. Man konnte einfach zu Fuß oder mit dem Fahrrad kurz vorbei. Oder noch besser: Man lief ihnen auch mal auf dem Schulweg ganz zufällig über den Weg oder traf sie nach der Schule beim Einkaufen im Supermarkt. Oft saßen sie zu Hause am Küchentisch, wenn wir nach der Schule nach Hause kamen. Sie waren einfach immer da, gehörten fast schon zum Inventar. Es war so alltäglich, dass man sich zur Begrüßung nur kurz zunickte. Bis zu meiner Oma waren es zwanzig Minuten. Aber wahrscheinlich war es gerade deshalb so besonders. Die Autofahrt zu dir war fast so etwas wie der Start in eine Urlaubsreise, auf die man lange gewartet hatte. Wenn du deinen Besuch bei uns angemeldet hattest, wartete ich oft schon eine halbe Stunde vor deiner angekündigten Ankunft im Schlafzimmer meiner Eltern und starrte mit klopfendem Herzen auf die Straße. Wann tauchst du endlich auf? Als Kind begriff ich natürlich nicht, dass Distanz auch so etwas wie ein Sechser im Lotto sein konnte: Statt einer Heimat hatte ich gleich zwei! Und, das bekam ich auch in der Schule mit, es gab ja auch Kinder, deren Eltern in Süd- oder Osteuropa lebten. Die konnte man tatsächlich nur ein oder zwei Mal im Jahr besuchen. Eine unvorstellbar schreckliche Vorstellung!

Ich nannte dich immer Oma. »Großmutter« klang zu distanziert, zu alt, zu bieder, zu ernst. Ich zucke heute noch zusammen, wenn sich jemand mit mir über meine »Großmutter« unterhalten möchte. Papas Eltern waren sehr früh gestorben, da war ich noch nicht mal im Kindergarten. Ich kann mich nur noch ganz flüchtig an Papas Mutter erinnern, da sind einige wenige Bilder: ihre Dauerwellen, der Pudel, die Wohnung. Irgendwann waren sie nicht mehr da, aber da waren zu wenig Gemeinsamkeiten zwischen ihnen und mir. Hatten wir überhaupt je einen Ausflug gemacht? In meiner Erinnerung waren sie schon immer alt gewesen, wie aus einer anderen Zeit und mir deshalb etwas fremd. Bei der Beerdigung flitzte ich über den Friedhof und guckte neugierig in den Sarg, ohne ganz zu begreifen, was hier los war.

Du warst alles andere als eine Bilderbuch-Oma. Das fällt mir erst heute auf, wenn ich Serien und Filme sehe, in denen Ideal-Großeltern vorkommen. Es werden dabei sämtliche Klischees bedient: Fitte Seniorinnen und Senioren nehmen Kinder huckepack und laufen mit Karacho durch den Garten. Sie grinsen ohne Pause. Sie singen laut mit den Kindern, sie lärmen und kreischen. Sie kneten miteinander am Küchentisch Plätzchenteig, Oma trägt eine Schürze, die Luft ist voller Mehl. So ganz ohne *role model* hast du gespürt, was ich brauchte. Du warst nicht die kindische Oma. Ich kann mir auch nicht vorstellen, dass du dich je auf Babytalk eingelassen hast. Du hast keine Grimassen gezogen oder dich verkleidet, um mich zum Lachen zu bringen. Dafür warst du zu ernst. Du hast mich von Anfang an ernst genommen und dich mit mir wie mit einem Erwachsenen unterhalten. Ideen und Pläne, die meine Eltern und andere Erwachsene als Spinnereien abgetan oder über die sie sich lustig gemacht haben, hast du dir aufmerksam angehört und laut mit mir überlegt, was man denn da genau machen muss, um sie zu verwirklichen: »Zirkus-Direktor? Dann müssen wir herausfinden, wo es eine Zirkusschule gibt.« Schriftsteller werden wie Astrid Lindgren? Du hast mir stundenlang zugehört, selbst wenn ich mich noch so sehr hineingeredet habe in einen verrückten Plan oder eine Zukunftsvision, die mindestens zehn Jahre entfernt in der Zukunft lag. Mehr als nur einmal haben wir uns gemeinsam überlegt, wie ich mal meine Wohnung einrichte.

Einmal durfte Vanessa mit. Vanessa wohnte in meinem Quartier und war so ziemlich das einzige Kind in meinem Alter weit und breit. Wir verbrachten jede freie Minute miteinander — drinnen und draußen. Ich hatte ihr wohl oft so begeistert erzählt, dass sie Omas Welt auch kennenlernen wollte. In allen Farben hatte ich sie ihr ausgemalt. Alles wurde geplant, Vanessas Mutter musste überredet und ein Termin gefunden werden. Es wurde gepackt, dann fuhr uns ihre oder meine Mutter für eine Nacht zu Oma. Kaum waren wir dort, nahmen wir die Wohnung in Beschlag. Oma sah zu, wie wir auf dem Bett herumsprangen und dabei laut brüllten. Aber etwas stimmte nicht. Vanessa war bei weitem nicht so begeistert, wie ich es mir ausgemalt hatte. Hatte sie eine leicht rundliche Knuddel-Oma erwartet, die uns stundenlang Geschichten vorliest und ständig lieblich lächelt? Und auch ich fühlte mich nur bedingt wohl. Oma war gut drauf und bekochte uns nach unseren Wünschen. Aber etwas war einfach falsch. Nachts taten alle kein Auge zu. Ich hätte das wohl nie jemandem gebeichtet, aber zum ersten Mal zählte ich die Stunden. Ich konnte es kaum erwarten, bald wieder nach Hause zu können. Zu dieser magischen Welt in Bregenz hatte kein anderer Zutritt. Vanessa und Oma — das funkte nicht. Wir starteten keinen zweiten Versuch. Vanessa und ich sprachen nie wieder darüber. Du tatest dich schwer mit Kindern.

Den Oma-Wettbewerb in der Schule hast du trotzdem fast immer gewonnen. Und wenn ich – das war selten – mal wirklich nichts Aufregendes mit dir erlebt hatte, schmückte ich die Nachmittage bei dir so lange mit so vielen aufregenden Details aus, bis mich endlich alle mit offenen Mündern anschauten. Eines weiß ich ganz sicher: Ich habe nie meine Mitschüler um ihre Omas beneidet. Kein einziges Mal. Du hast immer alles richtig gemacht. Du warst immer perfekt für mich.

DAS
UNAUSSPRECHLICHE

Dass etwas nicht stimmte, ahnte ich wohl schon früh. Atemnot – die Momente, in denen dir die Luft wegblieb – hattest du, seit ich denken kann. Deine Hustenanfälle, die manchmal kaum aufhören wollten, machten mich besorgt. Ohne Asthma-Spray und die Lutschbonbons gingst du nicht aus dem Haus, sie waren die wichtigsten Utensilien in deiner Handtasche. Schon wenn es leicht bergauf ging, musstest du zwischendurch stehen bleiben. »Nicht so schnell«, keuchtest du, und ich voller Ungeduld, schon einige Meter weiter: »Jetzt komm!« – in der Hoffnung, du könntest mit deinem Willen deinen Körper überlisten. Stand ein Kino-, Zirkus- oder Theaterbesuch auf dem Programm, hast du dich intensiv eingesprüht, bevor du aus dem Auto stiegst. Bald kauftest du konsequent Karten für die Plätze ganz am Rand, damit du bei einem besonders schweren Anfall den Saal unbemerkt verlassen konntest.

Wie viel hast du von den Filmen, von den Stücken noch mitbekommen, ständig in der Furcht, dass dich ein Hustenanfall überwältigt? Ich zitterte mich mit dir durch den ersten Akt, bis zur Pause, bis zum Schlussapplaus. Immer wieder schielte ich nach links zu dir. Wenn du es mal bis zum Schluss aushieltest, ohne einzigen Anfall, ohne ein einziges Mal rauszugehen, erzählten wir das zu Hause Opa und Mama voller Verblüffung und Stolz, als hätten wir den Jackpot geknackt.

Bald waren die vielen Treppen in unserem Haus für dich ein fast unüberwindbares Hindernis. »Geht schon mal vor«, batest du. Du wolltest nicht, dass jemand mitbekam, wie du dich Stufe für Stufe abmühtest, das Geländer fest umklammernd. Wir warteten oben im Wohnzimmer und blickten immer wieder bang zur Tür, bis du endlich oben warst. Unendlich lange dauerte es. Dabei hatte ich so viel zu erzählen oder zu zeigen. Endlich, da standest du in der Tür. Erschöpft, aber dennoch triumphierend, als hättest du den Mount Everest bezwungen. Ein gequältes Lächeln im Gesicht, das zeigen sollte: »Alles in Ordnung.« Irgendwann wurden alle Geburtstage, jedes Weihnachten, jedes Ostern bei dir gefeiert. Kein Treppensteigen mehr.

An heißen Sommertagen bliebst du bald gleich ganz zu Hause. Anfangs hast du es mit einem Witz, mit einem Lächeln heruntergespielt, als wäre es eine kleine Marotte deines Körpers. Asthma. Nicht der Rede wert. Was es wirklich war, erfuhr ich erst spät. Mama und du haben es mir verheimlicht. Ihr habt verschwiegen, wie ihr von einem Arzt zum anderen zogt. Wenn ich es trotzdem herausfand, ließet ihr mich im Unklaren, worum es da ging, oder ihr spieltet es herunter: »Ein Kontrollbesuch.« Warum habt ihr nicht mit offenen Karten gespielt? Es wartete wie ein Ungeheuer im Gestrüpp, von dem man nie wusste, wann es fauchend hervorsprang.

Ihr wolltet mich nicht beunruhigen, dabei beunruhigte mich dieses Unklare erst recht. Lange kannte ich deine Diagnose nicht. Erst nach einigen Jahren fiel ganz zufällig das Wort bei einem Gespräch, es ist wohl jemanden von euch in einem unaufmerksamen Augenblick rausgerutscht. COPD. Vier unscheinbare Buchstaben. COPD? Auch heute ist diese häufige chronische Erkrankung der Lunge (*Chronic Obstructive Pulmonary Disease*) nur wenigen ein Begriff, damals konnte wohl noch fast niemand damit etwas anfangen. Ich googelte die ganze Nacht durch und konnte diese vier Buchstaben doch nicht richtig einordnen. Was hieß das jetzt? Wie viel Zeit blieb?

Was dich erwartete, bekamen wir zum Teil von den telefonischen Schilderungen deiner Schwester mit. Auch sie litt an COPD. Auch sie hatte eine lebenslange Beziehung mit ihren Zigaretten geführt. Von allen deinen Geschwistern stand sie dir am nahsten. Sie war die robustere. Und doch bekam bei ihr die Krankheit noch viel schneller die Oberhand. Jahre vor dir ging es bei ihr nicht mehr ohne Sauerstoff, ihre Stimme war nur ein Flüstern. Sie starb ein Jahr vor dir. Dich hat es unglaublich getroffen. Du wärst lieber vor ihr gegangen.

Oma und die Zigaretten, das war eine lebenslange On-Off-Beziehung. Bei meiner Geburt hattest du ein paar Jahre pausiert, dann ging es wieder los. Vergeblich hatte ich jahrelang alles unternommen, dich vom Rauchen abzubringen. In deiner Wohnung klebte ich »Rauchen verboten«-Sticker auf alle Zimmer- und Balkontüren und Schränke, auf die Küchenschublade, in der du deine Zigaretten aufbewahrtest, gleich mehrere davon. Ich versuchte die letzten fünf Zigaretten, die sich in einer Packung befanden, die Toilette hinunterzuspülen. Einmal warf ich heimlich sogar eine ganze Packung Zigaretten aus dem Fenster, damit du nicht mehr rauchen konntest. Keine Chance. Wie wütend du warst! Das war so ziemlich das einzige Mal, als ich dich richtig außer dir erlebte. Wenn du etwas nicht wolltest, dann waren sogar die besten Argumente aussichtslos. Du fühltest dich in deiner Freiheit beraubt. Du hattest deinen Willen. Den habe ich von dir. Oft sah ich dich nachts in der dunklen Küche vorm Fenster sitzen. Nur deine Silhouette war zu sehen von den Lichtern der Straße und die rote Glut deiner Zigarette. Nur auf dem Balkon wurde geraucht und in der Küche, bei offenem Fenster. Die Glastür wurde angelehnt, damit der Rauch sich ja nicht in der Wohnung ausbreitete.

Wenn du das Telefon abnahmst, hörte man dir zunächst beim Atmen zu, ein paar Minuten lang. Auf ein atemloses »Hallo? Du bist es!« folgte das obligate »Ich muss mich hinsetzen.« Es klang, als hätte dich der Anruf mitten in einer Gymnastik-Übung erreicht, die dich besonders gefordert hatte. Dabei warst du nur von einem Zimmer ins andere gewechselt. Ein paar Meter, für dich eine Mammutdistanz. Es dauerte ein paar Augenblicke, bis du endlich sprechen konntest. Die Sache mit deiner Lunge hinterließ immer deutlichere Spuren. Erst war es die Bettwäsche, die Mama jede Woche und dann auch gleich zwei Mal waschen musste, damit auch wirklich die letzte Staubmilbe und der zu intensive Geruch des Waschpulvers eliminiert war. Ich schnupperte mehrmals daran – ich roch nichts! Dann waren es im Advent die echten Kerzen, die durch LED-Kerzen ersetzt wurden, weil der Rauch, der Feinstaub deine Lungen belasteten. Irgendwann wurde bei dir zu Hause die Sauerstoffmaschine installiert. Einmal die Woche kam nun ein Techniker vorbei, um die Flasche auszuwechseln. Das Blubbern dieser Maschine hatte fast etwas Beruhigendes. Das Geräusch war ständig da, dezent im Hintergrund, aber es war da. Mit etwas Fantasie erinnerte es an die Geräusche in einem Wellness-Bad. Anfangs war das Gerät für dich so etwas wie eine mobile Aufladestation, eine Art Tankstelle. So wie sich andere täglich auf den Massagestuhl setzen oder ein Schaumbad einlaufen lassen, gönntest du dir nun mehrmals am Tag für ein paar Minuten eine Sauerstoffkur und stecktest die durchsichtigen Plastikschläuche in die Nase. Dann ging es nicht mehr ohne, und sie blieben Tag und Nacht drin. Der Schlauch war so lang, dass er dir erlaubte, dich wenigstens in der Wohnung frei zu bewegen. Doch du warst wie angebunden.

Die Berge mit den Medikamentenschachteln auf dem Sideboard im Schlafzimmer wuchsen immer mehr in die Höhe. Es gab Tage, da ging es erstaunlich gut. Da konntest du mehrere Stunden lang am Tisch sitzen, zuhören, erzählen und lachen. An anderen Tagen bekamst du trotz Schläuche kaum Luft – Ärger, Ozon oder der Feinstaub der nahen Hauptstraße setzten dir zu. Angespannt verfolgtest du die Wettervorhersagen im Fernsehen. Alles zog sich zusammen, wenn die Moderatorin freudestrahlend »herrliches Sommerwetter« für mehrere Tage am Stück ankündigte. Immer empfindlicher reagierten deine Lungen auf unsichtbare und sichtbare Einflüsse. Jetzt war die Balkontür oft geöffnet, wenn wir bei dir waren. Direkt daneben saßest du in dem grauen Ohrensessel, den du dir erst vor kurzem bestellt hattest. Er war bequem und vor allem erlaubte er dir, aufrecht zu sitzen. Wir saßen oft bibbernd daneben und schlossen das Fenster nur kurz zwischendurch.

Wir alle versuchten, dich zu motivieren, mit dem mobilen Sauerstoffgerät hinauszugehen, unter Leute: »Gehen wir ein bisschen shoppen!«, »So schönes Wetter! Machen wir einen Ausflug in den Mehrerauer Wald!« Ich wollte, dass du rauskommst, dass du nicht einfach so kapitulierst. Ich sorgte mich auch um deinen Körper. Ich wollte, dass du deine Muskeln trainierst, dass du in Bewegung bleibst.

Dem körperlichen Zerfall einfach so zusehen? Es war doch noch zu früh für so etwas! Beschleunigtest du denn Prozess nicht erst recht, wenn du dich ihm fügtest? Doch deine Scham war zu groß. Du hast die Blicke gefürchtet. Du wolltest von niemandem so gesehen werden. Du wolltest in Erinnerung bleiben, wie dich die Menschen von damals kannten. Vielleicht warst du einfach ein paar Jahre zu früh. Heute begegne ich immer wieder mal auf der Straße und im Supermarkt Menschen, die mit einem mobilen Sauerstoffgerät unterwegs sind. Mir scheint, dass sie kaum einem auffallen. Hätten wir hartnäckiger sein sollen? Hätten wir es vielleicht doch irgendwie geschafft, wenn wir raffinierter vorgegangen wären?

Eingesperrt warst du in deiner Wohnung. Und doch bist du nicht durchgedreht – oder vielleicht nur dann, wenn du allein warst? Die vielen Stunden am Fenster. Du wurdest zur aufmerksamen Beobachterin, immer mehr Details fielen dir auf. Du erzähltest uns verblüfft von der Regelmäßigkeit, die du bei den Vögeln festgestellt hattest. Jedes Mal derselbe Vogel, der ganz allein über das Dach der Textilfabrik von gegenüber stolzierte. »Bis ich aus dem Bett und angezogen bin, ist es meistens schon fast Mittag«, sagtest du. Ich nahm dir das damals nicht ab. Erst in den Wochen vor deinem Tod war klar, dass es keine Übertreibung, sondern die Realität war. Wie langsam es vorwärts ging, wenn du das Bett verlassen wolltest! Wie lange es dauerte, bis du wieder aus dem Bad kamst! Wie die Zeitlupenwiederholung bei einem Fußballspiel.

Seit ich dich kenne, hast du mir immer wieder Lust auf Leben vermittelt. Jetzt hatten wir die Rollen getauscht. Ich war an der Reihe und versuchte, deine Nachfolge als »Optimismus-Manager« anzutreten. Mit allen Mitteln machte ich mich daran, die Welt zu dir zu bringen. Ich habe Zeitschriften für dich abonniert. Ich habe die Buchhandlungen nach Büchern abgesucht – Themen, die dich interessieren könnten. Keine Bücher, die die Realität ausblendeten, aber auch keine, die dich noch weiter runterzogen. Nicht zu anspruchsvoll, nicht zu seicht. Und du hast sie gelesen. Ich habe in meinem Alltag mit meinem Handy Fotos geknipst, um dir zu zeigen, was ich da draußen erlebe. Ich rief dich an und erzählte Wichtiges und Unwichtiges, das ich erlebt oder gehört hatte. Ich erzählte von Filmen, die ich im Kino gesehen hatte. »Weißt du noch, wie oft wir im Kino waren?« Damit hast du meine Faszination dafür geweckt.« Ich sprach über all das, was wir damals miteinander erlebt hatten, um dir zu zeigen, wie lebendig diese Erinnerungen sind, wie wichtig jeder

67

Ausflug, jeder Film gewesen war. Oft gelang es mir nicht, all die Gefühle in Worte zu fassen. Ich schrieb es auf. Vielleicht hätte ich noch früher damit beginnen sollen. Ich wünschte, du hättest all das hier lesen können.

Du hörtest zu. Wir alle erzählten. Ich hätte dir gerne mehr Fragen gestellt. Mehr erfahren von dem, was in dir vorging. Doch bei dir biss man auf Granit. Du warst eine Meisterin des Fragestellens und hattest dein Leben lang durch Gespräche und Telefonate geführt eloquent wie eine Talkshow-Moderatorin, die ein Händchen dafür hat, mit der richtigen Frage schnell zum Kern der Wahrheit vorzudringen. Doch in der Rolle der Antworterin bliebst du kurz angebunden. Mit aller Raffinesse versuchte ich dich zu motivieren, zu erzählen. »Und wie sah es genau dort aus? Wer war alles dabei? Und was geschah danach?« Ich wollte dir aufzeigen, dass du einiges zu erzählen hattest – auch wenn sich deine Welt jetzt auf fünf Zimmer beschränkte. Ich versuchte ein Detektivvorbild zu sein: Schau und hör genau hin, da gibt es so viele spannende Details zu entdecken. Ich sprach mit dir über TV-Sendungen, die du gesehen hattest. Ich empfahl dir Filme, Serien, Reportagen – bewusst auch Sendungen, die sich eher an ein junges Publikum richteten. Vielleicht hatten sie die

Kraft, dein altes Ich zu reaktivieren? Ich machte dich darauf aufmerksam, wenn im Fernsehen wieder mal ein Film lief, den wir gemeinsam im Kino gesehen hatten. Unbeholfene Versuche, mit denen ich verhindern wollte, dass dir die Decke auf den Kopf fiel, dass du total resigniertest und auch noch im Kopf gaga wurdest. Und das Fernsehen gabst du dann wirklich erst in den letzten Monaten auf.

Am Ende waren es noch zwanzig Prozent. Zwanzig Prozent Lungenleistung. Du verlorst immer mehr Gewicht, deine Arme wurden dünner, dein Gesicht immer knochiger. Von deinem Kuchenstück hattest du schon nach einem Bissen genug, schobst den Rest auf meinen Teller und hast mir ermutigend zugenickt, es zu essen. »Schnell, bevor es die anderen mitbekommen.«

Dich in deine Wohnung zurückziehen zu können, war dir wichtig. Du hattest einen guten Draht zu deinen Pflegerinnen, ihr führtet viele Gespräche und unterhieltet euch über das Leben in ihrer Heimat. Erinnerten dich ihre Erfahrungen an deine jungen Jahre, als du in eine andere Welt aufgebrochen bist? Doch du warst jetzt praktisch keine Sekunde mehr allein. Du warst angewiesen auf die Hilfe anderer. Menschen, die dich wuschen, dich anzogen, dich auf die Toilette brachten, für dich

69

einkauften, deine Wohnung in Schuss hielten, Rechnungen bezahlten. Sie alle brachten andere Gewohnheiten, andere Rhythmen mit, gegen die du protestiertest, denen du dich aber dann doch fügen musstest so wie junge Erwachsene in einer Wohngemeinschaft. Der Mahlzeitendienst brachte zuerst nur das Abendessen, dann auch das Mittagessen. Du tatest dich schwer mit den fremden Geschmäckern und Gerüchen. Du fühltest dich wie ein Insekt im Spinnennetz. Ich bin mir sicher, dass es dir immer weniger gelang, diesen Gedanken auszublenden. Dass dich dieses Gefühl immer mehr zermürbte, für dich alles mit einer ständigen Dunkelheit umhüllte. Je länger, je mehr lagst du nur da und konntest nichts mehr machen, warst nur noch eine Zuschauerin deines Lebens. Eines Programms, das dir total fremd war.

Trotz deiner Gebrechlichkeit habe ich dich nie als alt erlebt. Du bist so erstaunlich jung geblieben. Auch wenn ich immer deutlicher mitbekam, welchen Preis man für das Altwerden bezahlte, hast du mir die Angst vor dem Alter genommen. Du warst kein Opfer des Jugendwahns. Natürlich waren da immer mehr Falten, die Haare gingen aus, du warst verkrümmter, du wurdest langsamer, du brauchtest für alles mehr Zeit, man musste lauter sprechen. Du wurdest unsicherer, selbst für die wenigen Schritte durch die Wohnung war ein Rollator notwendig – doch, typisch für dich, ließest du es dir nicht nehmen, den Rollator ab und zu einfach links liegen zu lassen und ohne Unterstützung vom Schlafzimmer ins Wohnzimmer zu wechseln. Wir hielten erschrocken den Atem an und verfolgten jeden Schritt von dir wie die Zuschauer die Artistin hoch oben in der Zirkuskuppel.

Selbst mit über achtzig ließest du dich immer wieder für etwas Neues begeistern. Hast du vielleicht auch deshalb jeden Moment mit mir geschätzt? Konnte ich dir helfen, ein Stück jung zu bleiben? Tat es dir gut, in deiner Rolle als Oma gebraucht zu werden, deine Lebenserfahrungen an meinen Bruder und mich weiterzugeben zu können? Du konntest die Rolle ganz nach deinem Geschmack ausüben, es waren keine Erfahrungswerte da, wie eine Oma denn so sein und was sie leisten muss. Es waren keine Erwartungen da, denen du gerecht werden musstest.

Manchmal auf dem Heimweg versuchte ich mir auszumalen, was dir durch den Kopf ging, wenn du wieder alleine warst. Wie groß war die Angst vor dem Kommenden? Du wolltest nie darüber sprechen. Du wolltest um keinen Preis eine dieser Alten sein, die ständig über ihre Beschwerden und Gebrechen jammern. Von Opa hattest du selbst ein Leben lang ungefiltert mitbekommen, wie sehr so etwas beim Gegenüber Kräfte und Nerven raubte. Fürchtetest du dich, dass die Besuche bei dir für uns ihren Reiz verlören, dass wir die Zeit nicht mehr mit dir genießen würden, wenn du uns mit deinen Sorgen und Fragen zur Last gefallen wärest? Dass wir uns zurückzögen, seltener auftauchten, weniger lange blieben, das Telefongespräch schneller beendeten? Ich versuchte mit dir über deine Träume zu sprechen: Worauf hast du noch Lust? Was möchtest du unbedingt noch machen? Auch wenn ich immer und immer wieder nachfragte, kam nichts. Hattest du dich so gut vorbereitet, dein Leben vollends ausgekostet, schon früh im Bewusstsein gelebt, dass es irgendwann vorbei ist, und alles getan, das du nicht versäumen wolltest? Schon als Kind hatte ich immer wieder mitbekommen, wie gelassen du mit deiner Endlichkeit umgingst. Damals hat mich das beeindruckt, vielleicht sogar sprachlos gemacht, und ich war ich mir nicht sicher gewesen, ob es ganz ehrlich war. Hattest du mir damit nicht einfach die Angst nehmen wollen? Jetzt spürte ich, dass deine Gedanken tatsächlich von dieser Gelassenheit geprägt waren. Danke, dass du mir mit dieser Haltung so viel beigebracht hast!

Ich habe sie noch immer, die Karten, die du mir zu meinem Geburtstag geschrieben hast. Kostbare Erinnerungsstücke. Mit jedem Jahr wurde die Schrift krakeliger, der Text kürzer, aus mehreren Zeilen wurde ein knappes »Happy Birthday!«, auf der letzten nur noch mein Name und deine Unterschrift. Diese Entwicklung spiegelte sich auch in deinen SMS wieder. Jede Nachricht bestand aus immer mehr Abkürzungen. Am Schluss war jede SMS eine kleine Knobelaufgabe: I.D.O. Obwohl du nicht mehr rauskamst, warst du die Managerin, die Organisatorin geblieben. Verwundert nahmen wir alle an Weihnachten, am Geburtstag deine Geschenke entgegen – noch immer liebevoll verpackt, nicht einfach Geld, sondern Gutscheine oder andere passende Geschenke, die jemand in deinem Auftrag für uns besorgt haben musste. Erst in diesen letzten Tagen lernten wir eine neue Seite an dir kennen: Das Telefon war für dich der letzte Draht hinaus in die Welt. Immer mehr zermürbt vom Warten auf Tag X, drückten bei manchen Gesprächen jetzt deine Launen durch. Ich schaute dich streng an, wollte dich mit Blicken ermahnen. Ein dominanter, herrischer Ton gegenüber Ärzten und Pflegepersonal. Aufträge statt Wünsche, Kommando statt Bitten, manchmal sogar Vorwürfe. Als würden sie alles falsch machen. Als wären sie an allem schuld, als läge es nur an ihnen, dass du noch immer da warst. Als hätten sie sich gegen dich verschworen und nichts anderes im Kopf, als dich möglichst lange noch so am Leben zu erhalten. Was vielleicht auch gar nicht so falsch war. Die anderen erfüllten nicht deinen Wunsch, du musstest selber aktiv werden. Immer häufiger war das Fenster jetzt sperrangelweit offen. Selbst im Winter. Und du saßest daneben, in der Hoffnung, dir eine Erkältung einzufangen, die dann zur Lungenentzündung führte. Für eine COPD-Patientin oft der Anfang des Endes. Vergeblich. Es passierte nichts.

»Ich habe mir das Sterben anders vorgestellt«, sagtest du mehrmals. Du hattest dich vorbereitet. Doch es kam anders, als du dir es ausgemalt hattest. Kein Zack-und-vorbei! Sondern: ein Prozess, der sich schier endlos dahinzog. Dass dein Trotz vor allem nur Ausdruck deiner Verzweiflung war, begriffen wir erst spät. Du hast fast bis zum Schluss vermocht, deine wahren Gefühle zu verbergen. Diese Perfektion wurde dir zum Verhängnis. Zum einen war dir irgendwann unmöglich, sie zu artikulieren. Zum anderen – so schien mir – nahmen Ärzte und

Pflegefachkräfte dir nicht ab, wie schlecht es dir wirklich ging, weil du ja so lange den Schein gewahrt hattest. So wie du dich oft in der Bootsvermietung zusammengerissen und allen Widrigkeiten zum Trotz gelächelt hast, so hattest du das auch jetzt perfekt drauf. Erst ganz am Schluss kam es dir über die Lippen: »Ich kann nicht mehr.«

NOCH EINMAL WEIHNACHTEN

In den Gläsern sprudelte der Prosecco. Du hattest darauf bestanden. Auch wenn du nur ein, zwei Mal ganz kurz an deinem Glas nipptest. Das Fest war kurz. Nachmittags am 25. Dezember. Nur ein, zwei Stunden. Das absolute Maximum, das noch für dich drin lag. Es gab Kaffee und Kuchen. Deine Pflegerin hatte eine Apfeltorte nach einem Rezept aus ihrer Heimat gebacken. Wir wussten, dass die Tage nun gezählt waren. Doch hatten wir das in den letzten Jahren nicht schon mehrmals gedacht? Alles schien zu Ende, und dann ging es doch noch einmal weiter. Und wir alle mussten uns neu darauf einlassen, die Emotionen oft überfordert ob der unerwarteten Verlängerung. Auch dieses Mal hast du dich schön gemacht. Du trugst festliche Kleidung statt Nachthemd oder Trainingsanzug.

Es war nur noch ein Hauch von Weihnachten, wie es früher war. Es gab keinen Weihnachtsbaum mehr, den du stundenlang geschmückt hast. Ein Tannenzweig mit ein wenig Glitter auf dem Esstisch musste genügen. Keine selbstgebackenen Weihnachtsplätzchen, jemand hatte sie in der Bäckerei gekauft. Wie anders war es früher gewesen. Jedes Jahr präsentiertest du deinen Weihnachtsbaum in einem ganz anderen Kleid. Mal in warmen Rot, dann in schickem Silber, immer war er üppig von unten bis oben geschmückt, darunter die Geschenke, die sehr kunstvoll eingepackt waren. Du hast Weihnachten zelebriert: die Plätzchen, den Christstollen, die üppig beladenen Platten mit Wurst und Käse, den italienischen Salat. Auch zu Hause hatten wir einen Baum, von Mama liebevoll geschmückt, auch darunter lagen nicht wenige Geschenke, der Tisch war festlich gedeckt. Doch gegen Omas Weihnachtsambiente kam niemand an. Selbst wenn es sich nur um den kleinen unscheinbaren Tannenzweig handelte, mit dem du immer den Küchentisch dekoriertest. So magisch wie du bekommt das einfach niemand hin! Weihnachten ist bis heute auch für mich die schönste Zeit des Jahres. Liegt es daran, dass in dieser Zeit so viele unbewusste Erinnerungen stecken? Dass so viele positive Erfahrungen in diesen wenigen Tagen zusammengezogen sind?

Wir saßen am runden Esstisch im Wohnzimmer. Du warst noch immer schön, auch wenn du nur noch aus Haut und Knochen bestandest. Müde dein Blick, und doch verfolgtest du alles so wach. Ich weiß nicht mehr, worüber wir sprachen. Mir scheint, dass du an diesem Tag kaum ein Wort über dich verloren hast. Wie satt du es hattest, nur noch zu warten, darüber hatten wir uns die letzten Male oft unterhalten, immer und immer wieder. Erst vor ein paar Wochen hattest du dich in die Palliativstation einliefern lassen, in der Hoffnung, den Prozess zu beschleunigen. Wie überzeugt du davon gewesen warst, dass du mit diesem Schritt den letzten, den endgültigen einleiten könntest. Als würden die Ärzte allem besseren Wissen zum Trotz doch irgendwann nachgeben und einen Knopf betätigen oder dir ein Mittel verabreichen. »Ich muss einfach lange genug hartnäckig bleiben. Irgendwann wird mir schon endlich das entscheidende Argument einfallen, das sie einknicken lässt«, warst du überzeugt. Immer wieder hast du den Ärzten kritische Fragen gestellt – typisch du, das hattest du ja das ganze Leben schon so gemacht, wenn du dich nicht so einfach abspeisen oder für dumm verkaufen lassen wolltest. Du konnte keine Autorität etwas vormachen. Du ermuntertest uns, es dir gleich zu tun: Bei den Ärzten nicht locker zu lassen, für dich Partei zu ergreifen, sie zu löchern, bis sie doch noch mit einer Operation herausrücken würden.

Trotz deiner Gebrechlichkeit war deine Überzeugungskraft noch immer da. Eloquent und charmant, aber trotzdem harnäckig und unerbittlich, die Geschäftsfrau, die du das ganze Leben gewesen warst. Deine Rechnung ging trotzdem nicht auf. Ein paar Tage später warst du wieder zurück in der Wohnung. Und noch immer am Leben. Es kam dir und mittlerweile auch mir vor, als wärst du in einer Endlosschlaufe gefangen. Täglich grüßt das Murmeltier. Eine endlose Wiederholung. Langsam begann auch ich mich davor zu fürchten, dass es noch Jahre so mit dir weitergehen könnte. Ich weiß nicht, wann ich angefangen hatte, meine Gebete zu ändern. Dass ich nicht mehr um Energie und Gelassenheit für dich betete und dass du doch noch ein Weilchen bei uns bleibst, sondern dass es endlich vorbei sei. So überzeugend spieltest du immer wieder die Rolle der Sterbenden, dass wir uns schon mehrmals von dir endgültig verabschiedet hatten und mit Tränen in den Augen nach Hause gingen. Doch ein paar Tage später realisierten du und wir: Fehlalarm. Es ging doch noch weiter. Wenn alles nicht so traurig und zermürbend gewesen wäre, hätte man diese

Szenen eins zu eins in ein Drehbuch für eine schwarzhumorige Komödie einbauen können. Ja, auch hier gab es noch den ein oder anderen Moment, in denen man dich mit solchen Bemerkungen konfrontieren konnte und du auflachtest. Dein altes Ich war noch immer da.

Du lachtest auch, als wir in der Garderobe in die Mäntel schlüpften und Irina dich ins Bett brachte. Dieses Szene hat sich mir in allen Details eingeprägt: Sie schob dich auf dem Rollator quer durch die Wohnung, du hattest dich – so schien es mir – keck auf die andere Seite des Gefährts gesetzt und winktest frech zum Abschied, der der endgültige werden sollte. Es wirkte jugendlich. Worüber hast du gelacht – war es die Freude über die gemeinsam verbrachten Stunden, Dankbarkeit für die Nähe oder Erleichterung, dass du es nun doch bald geschafft hättest? Als wir unten das Haus verließen, drehte ich mich um, schaute kurz nach oben zum Balkon, von dem du uns früher manchmal zum Abschied gewinkt hattest. Logisch, er war leer. Aber irgendwie hatte ich doch gehofft, dich dort zu sehen.

Dein Lachen. Das war das letzte Bild. Das letzte Mal, das ich dich gesehen habe. Dieses Bild werde ich mir bewahren. Danach ging alles plötzlich ganz schnell.

DIE SCHUBLADE

Mama dreht den Schlüssel, ich öffne die Tür. Wir betreten das düstere Vorzimmer. Wir sind nicht zaghaft, wir gehen energisch vor. Rechts die Garderobe, in dunkles Holz gekleidet, der Spiegel blitzblank. Wir gaukeln uns vor, als wäre alles wie immer und dieser Besuch nichts Besonderes. Mama und ich verlieren kein Wort darüber, doch hätten wir uns im Spiegel betrachtet, hätten wir wohl nur eines gesehen: Unsicherheit. Alles ist wie immer in deiner Wohnung, und doch ist alles ganz neu. Ich bin das erste Mal hier, seit du gegangen bist. Alles ist gleich und doch so anders ohne dich. Jedes Zimmer ist voller Erinnerungen an meine Kindheit und meine Jugend. Der verglaste Balkon, in dem die Keramikplatten im Sommer glühend heiß werden. Die kleine, schmale, fensterlose Toilette, in der ich mich als Kind mal aus Versehen einsperrte und ihr mir lange durch das Schlüsselloch beruhigend zureden musstet, bis es mir endlich doch noch gelang, den Schlüssel wieder herumzudrehen. Die Abstellkammer, die von unten bis oben mit Schokolade und anderen Süßigkeiten gefüllt war. Deine Wohnung war ein Abenteuerspielplatz. Bei uns zu Hause war viel mehr Platz, wir hatten einen großen Garten und viel mehr Zimmer, und doch war es hier spannender. Es war mir alles genauso vertraut und doch viel geheimnisvoller, da ich nicht täglich hier war.

Es tat weh, in deinen letzten Wochen Opa an deinem Bett sitzen zu sehen. Er sagte nichts mehr. Die letzten Tage warst du kaum noch wach. Wir konnten nur noch zusehen, es gab nichts mehr zu machen. Nur abwarten, da sein, neben deinem Bett sitzen. Ich war nicht bei dir in dieser Nacht, als du uns verließt. Nur Mama und deine Pflegerin. Warum konntest du so lange nicht gehen? Brachtest du es nicht übers Herz, Opa allein zurückzulassen?

Seit du weg bist, wohnt Opa in deiner Wohnung. Er hat nichts verändert. Mit Mitte Sechzig warst du schon fest im Rentnerinnenalltag angekommen. Andere machten es sich bequem, lehnten sich zurück. Doch du bist noch einmal ausgebrochen: Du wolltest nicht mehr mit Opa zusammenleben, keinen Tag länger. Wie lange hast du mit dieser Entscheidung gerungen? Du bestandest auf getrennte Wohnungen. Ein Einschnitt. Für Opa, für Mama, für mich, für deine Freundinnen. Alle waren irritiert. Ich hatte in meiner Schulklasse mitbekommen, dass sich Eltern scheiden ließen. Aber dass sich die Großeltern trennten? Von so etwas hatte ich noch nie gehört. Erst viele Jahre später im Studium erfuhr ich den Namen dieses Modells: *Living apart together*. Ich musste jeweils an euch denken, wenn ich diesen Begriff hörte. Und von Anfang an fand ich, dieser moderne Begriff passte so perfekt zu dir. Deine Entscheidung, deine Forderung kam überraschend. Es sorgte für irritierte Blicke, wenn ich meinen Freunden davon erzählte.

Auf dem Klingelschild standen dein Vor- und Nachname. Es gab Omas Wohnung und Opas Wohnung. Und das setzte eurer Beziehung tatsächlich neue Impulse. Opa besuchte dich. Zuerst nur alle paar Tage, irgendwann saß er wieder täglich bei dir – aber nur für ein paar Stunden. Du konntest ihn jetzt vor die Tür stellen, wenn er wieder endlos lamentierte. Aus heutiger Sicht hätte ich dir gewünscht, dass du den Mut gehabt hättest, dich definitiv zu lösen, wirklich neu anzufangen. Warum hat das letzte Bisschen dazu gefehlt? War es Pflichtgefühl, nach alldem, was ihr gemeinsam aufgebaut habt, nicht einfach gehen zu können? War doch noch irgendwo die Hoffnung, dass Opa und du jetzt im Alter die Beziehung führen konntet, nach der du dich immer gesehnt hattest? War es aus Angst, den gewohnten Lebensstandard nicht halten zu können? Oder fehlte dir der Egoismus, nach all diesen Jahren mal ganz konsequent an dich zu denken? Hättest du dir bei diesem Schritt mehr Rückendeckung von uns gewünscht? Ich war zu jung, um dir Tipps zu geben.

Ein paar Wochen nach der Beerdigung räumen wir aus. Die Schränke sind voll mit schicken Kleidungsstücken. Die Blusen hängen in Reih und Glied, die Unterwäsche fein säuberlich gefaltet. Die große Schublade in deinem Arbeitszimmer entdecken wir zuletzt. Mama öffnet sie, bis oben ist sie gefüllt und konfrontiert mich mit meiner ganzen Vergangenheit. Sie ist voll mit Zeitungsausschnitten, handgeschriebenen Texten, Zeitschriften, alle Texte, die dir in die Finger kamen, du hast sie archiviert. Da sind meine allerersten Texte – ich kann mich gar nicht mehr an sie erinnern, ich habe sie irgendwann in der Grundschule geschrieben. Die Ausgaben des Schülermagazins, das ich auf Opas Kopierer vervielfältigt hatte. Mir fallen die vielen Großeltern ein, die heute ständig mit ihren Handys ihre Enkel filmen und fotografieren. Du hast nie gesagt, dass du meine Kindheit hier konserviert hast.

Als ich auf die Welt kam, war mehr Geld vorhanden als dreißig Jahre zuvor. Damals, in Mamas Kindheit, wart ihr Tag und Nacht damit beschäftigt, euer Geschäft, eure Existenz aufzubauen. Jeder Groschen musste zwei Mal umgedreht werden. Jede Investition sorgte für schlaflose Nächte. Der Aufbau des Familienbetriebs, die neue Halle, wo die Boote während des Winters untergebracht und auf Vordermann gebracht wurden, der Umzug von der kleinen Wohnung in eine neue Eigentumswohnung, die mehr Platz und Komfort bot, dann ein weiterer Baugrund, auf dem ein größeres Gewerbegebäude mit mehreren Werkstätten und Garagen gebaut wurde. Jedes Ziel markierte nur das Ende einer Etappe. Die Winter waren fast genauso betriebsam wie die Sommer. Wenn Opa die Boote reparierte, jobbtest du in den ersten Jahren in einer Fabrik, um das Haushaltgeld aufzubessern. Ich stelle mir vor, dass es da viele schlaflose Nächte gab und euch manchmal alles über den Kopf wuchs. Ihr wart komplett auf euch allein gestellt, deine Geschwister lebten am anderen Ende von Österreich, Opas Schwestern waren nach dem Krieg nach Frankreich ausgewandert und besuchten ihre Heimat nur noch alle paar Jahre für ein paar entspannte Sommertage am See. Mama wurde schon früh in die Rolle der Assistentin, der Mitarbeiterin, die mitanpackte, gedrängt, die ihr Leben wie ihr ganz nach den Anforderungen und Launen der Bootsvermietung ausrichtete. Hast du erst zu spät realisiert, worauf du dich mit Opa eingelassen hattest, oder war es seine nach vorne strebende Kraft, die dich anzog, die sich mit deinem Ehrgeiz magnetisch paarte? Ihr habt euch beide mitgerissen. Später hast du mich an der Hand genommen. Ich wünsche jedem einen Menschen, der ihn mitreißt.

Bei meiner Geburt war – vielleicht zum ersten Mal in deinem Leben – auch genügend Zeit und Muße vorhanden. Das Geschäft war verkauft, die Verantwortung abgegeben. Ihr wart frei von allen Pflichten. Jetzt hattest du volle Planungsfreiheit und gabst den Takt vor – und nicht mehr das Wetter. Du konntest nochmals in eine neue Rolle schlüpfen und ganz darin aufgehen. Wie leicht fiel es dir, Oma zu werden? Vielleicht konntest du jetzt auch nachholen, was du selbst als Enkelkind, als Kind vor sechzig Jahren nicht erlebt hast. Eine Kindheit voller Sonnentage, wie dem Bilderbuch entnommen. Deine Mutter starb früh. Dein Vater heiratete noch einmal. Mit deiner Stiefmutter fandest du eine neue Seelengefährtin. Doch wie viel Zeit blieb ihr bei fünf Kindern für dich, das zweitälteste Kind? Wie intensiv konntest du Kind sein?

Du warst radikal. »Wenn es mal vorbei ist«, hörte ich dich schon in meiner Kindheit immer wieder mal sagen, »will ich keinen Gottesdienst. Ich will nicht die salbungsvollen Reden, das geheuchelte Beileid.« Ich verstand, was du meintest, und trotzdem ließ mich das irritiert zurück. Du wolltest keine frommen Floskeln. Du hattest Mühe mit den Versprechen, mit den Hoffnungen des christlichen Glaubens. »Nach dem Tod ist alles aus«, sagtest du mit Nachdruck. Später ertappte ich dich dabei, dass du plötzlich doch neu Fragen stelltest, mit mir über meine Meinung, über meinen Glauben sprechen wolltest. Aber die Versprechen der Kirchen waren für dich Opium fürs Volk. Vielleicht lag das aber auch vor allem daran, dass du dich immer schwergetan hast, dich irgendwo einzugliedern, Teil einer Gemeinschaft, einer größeren Gruppe zu sein. Dir waren Massenbewegungen suspekt. Du unterstellst diesen Menschen, sich zu sehr angepasst, ihr eigenständiges Denken abgegeben zu haben.

Wolltest du oder konntest du nicht dazu gehören? Du hattest mehrere große Schritte hinter dir: Als Kind im katholischen Kärnten selbstverständlich katholisch getauft, wechseltest du für die Heirat mit Opa zur evangelischen Kirche – mitten im erzkatholischen Vorarlberg und gehörtest damit zu einer doppelten Minderheit. Als evangelische Kärntnerin, die nach dem Krieg auf der Suche nach Arbeit ihren Weg an den Bodensee gefunden hatte. Hast du dich je ganz als Vorarlbergerin gefühlt? Wohl kaum. In deinem Wortschatz kam kein einziges Kärntner Wort vor. Auch den Vorarlberger Dialekt hast du nie gelernt. Bald beherrschte ich ihn besser als du. Du hattest dich in einem ganz eigenen Mix von österreichischem Hochdeutsch eingerichtet. Zu anderen Menschen, die wie du aus Kärnten an den Bodensee ausgewandert waren, hattest du keinen Kontakt. Wolltest du dich bewusst von ihnen abgrenzen?

Deine Wohnung war mein Kinderparadies. In meiner Jugend gewann sie erst recht an Bedeutung. Sie wurde mein Zufluchtsort. Eine rettende Insel im rauen Ozean. Zu Hause flogen die Fetzen. Mama und Papa wollten mich einfach nicht verstehen. Du hattest ein Ohr für mich. Du bliebst neutral und ergriffst weder für mich noch für meine Eltern Partei. Zumindest offiziell. Irgendwie hatte ich doch immer den Eindruck, dass du auf meiner Seite warst – und zwar mit aller Konsequenz und bedingungsloser Loyalität. Kam dir meine neue Welt nicht etwas merkwürdig vor? Auch bei dir schaute ich jetzt stundenlang die Musiksender Viva und MTV und ließ mir von schrillen VJs die neuesten Videoclips, abgefahrensten Trends und News präsentieren. Du saßest neben mir auf dem blauen Sofa und schautest stumm, aber interessiert zu. Dich beeindruckten diese jungen Moderatorinnen, die frisch, frech und vor allem selbstbewusst die Videoclips kommentierten. Warst du in Gedanken in der engen, genormten Welt deiner eigenen Jugend und verblüfft, wie sehr sich die Gesellschaft entwickelt hatte und was heute alles möglich war? Hast du uns dann beneidet um diese große Freiheit? Trotzdem ließest du dich davon nicht blenden, du hast alles durchschaut.

Ich war mit dir nicht in allem einig. Und trotzdem brachten mich deine Hinweise zum Nachdenken, und ich betrachtete diese schrillen Sendungen mit anderen Augen. Umgekehrt beeindruckte mich, wie du selbst, ein paar Tage oder Wochen später, plötzlich wieder einen dieser »Stars« erwähntest. Auch wenn du sie schräg oder vielleicht sogar daneben fandest, hattest du sie weiterbeobachtet, ihnen bei Interviews zugehört, dich auf sie eingelassen. Du hattest ihnen eine weitere Chance gegeben und sie nicht einfach sofort schubladisiert. Differenzierte Auseinandersetzung, so brachtest du mir dabei, hieß auch, nicht zu schnell und pauschal jemanden abzustempeln. Während alle Erwachsenen die Nase über die Mode der 90er rümpften, kauftest du mir die Marken-Sneaker, die ich mir wünschte, auch wenn sie mehr als überteuert waren. Mama durfte nicht erfahren, wie viel sie gekostet hatten. Sie hätte sie sofort wieder zurückgebracht. Dieses Versprechen brach ich nie.

Das war die Zeit, als wir uns seltener sahen. Ich war beschäftigt, das Gymnasium, die Freunde, die Hobbys ... Ich löste mich von zu Hause und baute mir mein Leben auf, fernab von deiner Stadt. Da hatte manches plötzlich einen größeren Reiz als der Ausflug nach Bregenz. Trotzdem bliebst du mir nah. Heute stelle ich mir vor, dass du manchmal kurz davor warst, mich anzurufen, mir eine SMS zu schicken, wenn ich mich länger nicht mehr meldete. Doch getan hast du es nur selten und dann sehr zurückhaltend. »Ich wollte dich anrufen, aber ich hatte Angst zu stören«, hast du manchmal anklingen lassen. Ich hatte dir eifrig widersprochen. Ich hätte dabei wohl noch mehr Eifer an den Tag legen können.

Freunde bekamen von ihren Großeltern Kindergeschenke, auch als sie schon vierzehn und fünfzehn waren. Geschenke, mit denen sie gar nichts mehr anfangen konnten. Vergeblich versuchten sie ihnen klarzumachen, dass sie kein Kind mehr waren. Ein solcher Fauxpas wäre dir nie passiert. Ich war selber überrascht, dass du immer spürtest, in welcher Phase ich war und was gerade angebracht war. Auch hier hättest du meine Eltern immer wieder neu coachen können! Heute denke ich, dass ich mich deshalb selbst als Jugendlicher weiterhin mit dir identifizieren konnte, weil auch mit Mitte Sechzig etwas von Sturm und Drang in dir war. Etwas Trotziges. Das Nicht-fügen-Wollen. Mit dem Kopf durch die Wand. Jemand brachte ein Geschenk mit, mit dem du gar nichts anfangen konntest? Kaum hatte sich der Besuch verabschiedet, landete das Präsent auch schon im Müll. Wenn es nicht mehr anders ging, nahmst du dir ganz selbstverständlich von der jugendlichen Option Gebrauch, einfach reißaus zu nehmen. Auf und davon! Radikal, ohne Rücksicht auf Verluste. In einer Phase, als die Konflikte zwischen Opa und dir wieder mal hochgingen, kündigtest du die völlig überraschend an, Weihnachten mit einer Freundin auf den kanarischen Inseln verbringen zu wollen. Und schon warst du weg. An Heiligabend – wir waren mitten in der Bescherung, vor lauter Beklommenheit über deinen leeren Platz, von festlicher Fröhlichkeit keine Spur – klingelte das Telefon. Da riefst du an, die Verbindung war schlecht, du warst ziemlich aufgelöst, wolltest ein frohes Fest wünschen und ohne es mit einem Wort zu erwähnen, wussten wir alle, dass Weihnachten für uns alle ruiniert war. Das nächste Mal feierten wir wieder gemeinsam. Und über deinen Aussetzer wurde nie mehr ein Wort verloren.

Deine Fotoalben haben wir erst nach deinem Tod nach vielen Jahren wieder in den Händen. Es sind Bilder aus den 1960er-Jahren bis heute. Sie zeigen eine andere Seite von dir. Du warst auch da immer schick und perfekt gestylt. Doch die Wohnung war oft voller Gäste. Es wird geraucht, viel getrunken, laut gelacht. Eine Faschingsparty, überall witzige Lampions und Girlanden. Bilder aus den 80ern, frühen 90ern. Deine Mutter, deine Schwestern, Nichten, Opas Geschwister, die bei dir übernachten, improvisiert auf einer Matratze, die ihr ins Gästezimmer gelegt habt. Sie verbringen bei euch unbeschwerte Sommertage am Bodensee.

Am Holztisch in der Küche saßen wir oft, meist zu zweit, manchmal zu dritt mit Opa. Quatschten und quatschten und quatschten, während draußen völlig unbemerkt aus dem Nachmittag Abend und dann Nacht wurde. Abwechselnd schenkten wir Kaffee und Cola nach. Ab und zu schauten wir runter auf die große Kreuzung, wie dort die Ampel von Grün auf Rot wechselte und zurück. Wie nach dem dichten Feierabendverkehr nur noch einzelne Autos vor der Ampel warteten. Wie auf dem Parkplatz vor deinem Haus mit voranrückender Zeit immer mehr Parkfelder besetzt waren. Wir sprachen über deine Reisen. Als du jünger warst, hast du die Welt entdeckt. Immer ohne Opa, da es für ihn nur die Arbeit gab. Du warst niemand, der von sich aus losplauderte, dich musste man auffordern. Ich hing an deinen Lippen. Habe ich dich je darauf aufmerksam gemacht, was für eine Meistererzählerin du warst? Bei dir war Zeit für Geschichten. Es war Zeit, um x-mal nachzufragen und allen Details auf den Grund zu gehen. Nicht wie bei Mama, die mir nur mit einem Ohr zuhörte, weil sie für meinen Bruder die Milchflasche zubereiten musste. Wenn du von damals sprachst, klang alles immer wie ein Abenteuer aus dem Bilderbuch: Die Episode enthielt zwar manche Gefahren bereit, und man wusste nicht genau, wie es ausging, aber es nahm dann doch immer alles eine gute Wendung. Warum hatte ich diese besonderen Ereignisse verpasst? Ich spürte Neid in mir. Der Winter, als es wochenlang klirrend kalt war und der Bodensee gefror ... Bei jedem Winter, bei dem die Temperaturen während einer längeren Zeit unter null Grad blieben, malte ich mir aus, mit dir zum zweiten Mal das Jahrhundertereignis erleben zu können. Nur noch ein paar Tage und es wäre so weit!

Berühmte Sänger und Schauspieler der Nachkriegszeit, die zwischen den Proben in den Wochen vor der Festspielpremiere mit einem Boot von euch in den See stachen. Exaltierte Touristen mit irgendwelchen Sonderwünschen. Eure abenteuerliche Suche nach Ruderbooten, die nicht mehr zurückgebracht worden waren. Ein Sturm, der völlig überraschend aufzog, und Boote, die in allerletzter Sekunde wieder den Hafen erreichten und noch schnell vertäut werden konnten. Wenn ich heute mal irgendwo an einem See unterwegs bin und das Licht der Sturmwarnung sehe, ist es wie ein Zeichen von dir. Sofort habe ich deine Geschichten wieder im Ohr.

KAISERSCHMARRN

Plötzlich, wie aus dem Nichts — oder war es ein Wink von dir? —, mitten am sonnigen Frühlingsnachmittag: ganz große Lust auf Kaiserschmarrn! Bitte gleich eine riesige Portion! Wo bekomme ich diese Süßspeise her? Es ist zu wenig Zeit, um jetzt nach Österreich zu fahren, sich in ein Café zu setzen und eine Portion zu bestellen. Ich hätte nie gedacht, dass ich mal so etwas mache: Kochen? Backen? Dafür fehlt mir definitiv das Händchen, die Geduld. Doch jetzt suche ich online das Rezept — und mache mich dann sogar an die Arbeit. Das Rezept klingt gar nichts so schwierig! Und ich habe sogar alle Zutaten zu Hause: Mehl, Butter, Eier, Milch, Puderzucker, Rosinen ... Ich mische alles, backe den Teig in der Bratpfanne goldbraun. Es gelingt mir sogar, ihn in der Pfanne richtig schön zu verteilen. Bei jedem Schritt versuche ich mich zu erinnern: Wie hast du es gemacht? Ich koste einen Bissen. Ich bin erstaunt, dass das Ergebnis auf Anhieb so gut geworden ist.

Ja, ein typischer Kaiserschmarrn. Nein, er kommt nicht an deinen ran, aber – mit ein bisschen Fantasie – habe ich den Geschmack, den Geruch, all die Bilder von damals bei dir auf meiner Zunge, in der Nase, vor Augen. Du in der Küche am Herd und ich, wie ich auf Zehenspitzen danebenstehe und in die Schüsseln und Töpfe schiele. Du wirktest vergnügt, als hättest du endlich wieder mal Zeit, einem geliebten Hobby nachzugehen. Bei Mama musste es immer zack, zack gehen, da war Kochen einfach Produktion. Es ging darum, den Hunger zu stillen. Bei dir stand am Anfang nicht die Frage: »Was haben wir im Haus?«, sondern: »Was soll ich kochen? Worauf hast du Lust?« Gemeinsam gingen wir verschiedene Ideen durch und mir lief schon da das Wasser im Mund zusammen.

Du ließest dir Zeit beim Kochen. Alles lief total entspannt ab. Hin und wieder nipptest du an deinem Prosecco oder gönntest dir eine Zigarette. Und erst das Plätzchenbacken im Advent! Ich durfte vom Teig in der Schüssel kosten, gleich löffelweise. Du ermuntertest mich sogar dazu und – Ätsch! – es wurde mir überhaupt nicht übel davon, so wie es Mama mir immer eingebläut hatte. Als wir dann vorsichtig das Blech mit den Plätzchen oder dem Kuchen aus dem Ofen zogen, war ich bis oben vollgestopft. Trotzdem ließ ich mir nichts anmerken, griff nach den noch warmen Leckereien und fand auf wundersame Weise in irgendeiner Ecke meines Magen doch noch einen Platz.

So wie du bringen weder Mama noch ich den Kaiserschmarrn wohl je hin. Keine Überraschung, dass inzwischen auch die Werbung entdeckt hat, wie gut Oma-Küchen-Nostalgie tut und dass unsere digitale Welt das positive Potenzial der Erinnerungen an diese Gerichte und Gebäcke dringender denn je benötigt: Nur kurz riechen, ein Bissen genügt, und schon befindet man sich in einer Welt der Entschleunigung. Hier ticken die Uhren noch anders. Hier ist es gemütlich. Immer öfter stoße ich im Supermarkt auf Produkte, die in großen Lettern »Wie aus Omas Küche« betitelt sind. Ein raffinierter Marketingtrick! Ich habe solche Produkte kein einziges Mal gekauft. Wer fällt schon auf so einen Fake rein? Wie soll ein mit x Zusatzstoffen und Emulgatoren gepimptes Fertiggericht so schmecken wie von Oma?

Kässpätzle mit Kartoffelsalat – und nicht mit Apfelkompott wie es in der Schweiz üblich ist. Wiener Schnitzel. Topfenstrudel. Marillenknödel. Und jeden Dezember die Vanillekipferl nach dem Rezept, das deine Mutter schon Jahr für Jahr aus der Schublade geholt hatte. Auch von diesen habe ich nie mehr

97

welche gegessen, die nur ein bisschen wie deine geschmeckt haben. Schon allein die Namen der Gerichte waren besonders und wie aus einem Märchen – und sie schmeckten auch so. Kässpätzle mit Apfelmus? Da zieht sich heute noch alles in mir zusammen – Kässpätzle esse ich nur mit Kartoffelsalat, so wie damals bei Oma! Während ich meinen ersten Kaiserschmarrn zubereite und danach Gabel für Gabel in meinem Mund verschwindet, bin ich in Gedanken ganz in meiner Kindheit, bei dir. Es tut gut. Jeder Bissen ruft all die Erinnerungen wieder wach. Nein, die kann mir keiner nehmen.

Du kochtest anders. Es landeten »Oma-Gerichte« auf dem Teller – alles, was es zu Hause nie gab. Beim Einkaufen legtest du Produkte in den Einkaufswagen, die meine Eltern nie kauften. Bei der Auswahl gingst du ganz anders vor. Du wähltest spontaner, großzügiger, vielleicht sogar etwas verschwenderisch aus. Deshalb war es keine Sekunde langweilig, gemeinsam mit dir den Wagen durch den Supermarkt zu schieben und aufmerksam zu verfolgen, nach welchen Schachteln, Konserven und Flaschen du griffst. Ich lernte bei Opa und dir einen Haushalt kennen, der anders organisiert, von anderen Abläufen und Rhythmen strukturiert war. Ich erkannte, dass alles, das zu Hause so selbstverständlich und in Stein gemeißelt war, nur eine Möglichkeit war: Man kann es so machen, aber man kann es auch ganz anders machen.

Schade, du hast kein Buch mit deinen Rezepten hinterlassen. Wir hätten dein Wissen in Notizbüchern festhalten müssen. Ich würde sie alle in die Praxis umsetzen.

DIE STADT AM SEE

Die ersten Sonnenstrahlen kriechen über den Pfänder, den Hausberg von Bregenz. Von deinem Küchenfenster blickt man direkt auf ihn. An ihm lässt sich der Wechsel der Jahreszeiten ablesen, er war für dich ein Kalender. Als Kind hätte ich seine Silhouette ohne Vorlage auf ein Blatt Papier malen können. Schon vor dem Morgengrauen bin ich aufgewacht. Ungeduldig spaziere ich in der Wohnung herum. Von einem Zimmer ins andere. Im Fernsehen nur ödes Frühstücksprogramm, irgendwann gebe ich das Zappen auf. Ich öffne die Tür und klaube die Zeitung von der Fußmatte, mache Frühstück, schiebe Toastscheiben in den Toaster, fülle Kaffee in die Filtermaschine, setze sie in Betrieb und schaue zu, wie immer mehr braune Flüssigkeit in die Kanne tropft. In der Hoffnung, dass der Kaffeeduft sich in der ganzen Wohnung ausbreitet und durch das Schlüsselloch bis in dein Schlafzimmer zieht und dich wachkitzelt. Vor halb zehn darf sich niemand bei dir melden. Ich hingegen bin schon um sechs Uhr wach und will möglichst viel vom Tag bei dir rausholen. Am liebsten würde ich gleich die Nacht durchmachen, um jede Minute auskosten zu können. Denn wenn ich bei dir bin, laufen die Uhren in einer anderen Geschwindigkeit. Die Tage bei dir sind viel zu schnell rum. Warum kann ich nicht wie du in einer Stadt leben? Das wäre prickelnd! Neidisch beobachte ich die anderen Kinder, die in deinen Nachbarswohnungen zu Hause sind. Nachts kann ich kaum ins Bett, so fasziniert betrachte ich von deinem Küchenfenster aus die Lichter der Autos, die über die große Kreuzung fahren. Am aufregendsten ist es bei Regen, dann glitzern und funkeln die nassen Fahrzeuge und Straßen um die Wette.

Bin ich heute in der Fußgängerzone von Bregenz unterwegs, ist in der Stadt am See alles überraschend winzig. Wie ein T-Shirt, das beim Waschen eingegangen ist. Viel hat sich verändert. Die Stadt wurde an allen Ecken auf Zukunft getrimmt. Gleich sind die Orte, die schon damals wie Überbleibsel aus einer vergangenen Zeit waren: der lange, weiße Fischersteg, nur ein paar Schritte von eurer Bootsvermietung entfernt, der Pilzkiosk – der Kiosk in Form eines roten Fliegenpilzes – beim Bahnübergang, das Restaurant mit dem merkwürdigen Namen »Exerzierplatz« … Und doch ist diese Kleinstadt wie You-

Tube. So viele kurze und längere Erinnerungsfilme, die fast an jeder Ecke automatisch starten. Einer nach dem anderen, eine endlose Playlist. Bei jedem klicke ich in Gedanken »Gefällt mir«. Damals war Bregenz für mich eine Weltstadt. Nicht wegen der Bregenzer Festspiele, die im Sommer Menschen aus dem ganzen deutschsprachigen Raum an den See locken. Es waren die vielen Häuser, die vielen Geschäfte, die vielen Restaurants, die vielen Ampeln. Dazu ein See mit dem Hafen und den großen Ausflugsdampfern, dem Strandbad und ein Berg, zu dem eine Seilbahn hinauffährt. Wir waren in den Sommern ein paar Mal miteinander oben. Eine Stadt mit 30 000 Einwohnern im Vergleich zum Dorf mit rund 3500 Einwohnern – so was wie New York. Eine Metropole! Oft übergabst du mittags einem langjährigen Angestellten die Tagesverantwortung für die Bootsvermietung. Hand in Hand spazierten wir über die alte Gulaschbrücke, die über die Bahngleise führte, hinein in die Stadt.

Man kannte dich. Viele sahen dich tagaus, tagein unten im Häuschen am Steg der Bootsvermietung sitzen. In vielen Geschäften warst du eine Stammkundin. Ein Winken hier, ein Gruß dort, doch lange ließen wir uns nicht aufhalten, ich zog dich immer schnell weiter. Meist führte uns der Weg die Fußgängerzone hinauf zum Einkaufszentrum. Dort befand sich die Buchhandlung mit dem großen Regal an der Wand. Von unten bis oben war es mit Zeitschriften gefüllt. Ich stand staunend davor – ich hätte gerne in allen geblättert! –, doch du zogst mich nach oben zu einem Ort, wo meine Sucht begann: die Kinderabteilung im Obergeschoss. Hier durfte ich mir das nächste Leseabenteuer aussuchen. Nicht der Laden mit der Modeleisenbahn, nicht ein Sportgeschäft mit vielen Bällen hatten es mir angetan, sondern die Bücherwelt. Du warst die Dealerin, die mich süchtig machte nach einer Droge, von der ich bis heute nicht losgekommen bin. Hat dich überrascht, was diese Droge mit mir machte? Du warst auch immer eine Leserin gewesen, aber dir hatten kleine Dosen genügt. Zwar lag auf deinem Nachtisch immer ein Buch. Keine Unterhaltungslektüre, sondern meistens anspruchsvollere Literatur oder Sachbücher. Du wähltest die Lektüre bewusst aus, du warst keine Bücherverschlingerin, wie ich es schon als Kind wurde. Meine Eltern lasen auch, doch es wurde kaum über Bücher gesprochen oder Leseerfahrungen ausgetauscht. Du sprachst darüber, was ein Buch bei dir ausgelöst hatte. Du wolltest wissen, was in meinen Kinderbüchern geschah. »Warum hat es dir gefallen? Was hat dich beeindruckt?«

Ich lernte, dass ein Buch mit der letzten Seite noch lange nicht zu Ende ist. Bücher waren wie Flügel.

Die größte Magie aber hatte ein altes Gebäude in der Vorstadt. Ich habe den Popcorngeruch noch immer in der Nase. Das *Metro-Kino* mit seinen drei Sälen und dem verrauchten Billardzimmer war schon in den frühen 1990er-Jahren mehr *shabby chic* als edler Filmpalast. Wir waren Stammgäste. Direkt beim Eingang befand sich das Kassahäuschen, vorne auf dem Tresen war der Saalplan aufgeklebt. Man zeigte mit dem Finger auf die Wunschplätze, schob das Geld durch den Spalt in der Plastikscheibe, im Tausch erhielt man die Tickets und – es ging nur drei, vier Stufen hinauf: Hereinspaziert in eine andere Welt!

Du warst keine Kinogängerin, und doch hast du in mir auch die Leidenschaft für Geschichten auf der Leinwand entfacht. Ich liebte es, mit dir in andere Welten abzutauchen. Schon vor dem Film konnten wir uns intensiv über das Filmplakat unterhalten und uns ausmalen, was im Film geschehen würde. War ich mal für mehrere Tage am Stück zu Besuch bei dir, lagen sogar zwei oder drei Kinobesuche drin. Für die Filmauswahl war ich jeweils zuständig – hast du jemals ein Veto eingelegt? Selbst wenn ein Film noch nicht für mein Alter freigegeben war, zögerrest du keine Sekunde. Auch wenn ich erst neun oder zehn war, vertrautest du auf meine Einschätzung. Und wenn ich mich doch mal verran hatte, kniffen wir einfach die Augen zusammen, und ich drückte mich an dich. Ich habe jeden Film ohne Trauma überstanden.

Ohne Opa und dich wäre Bregenz eine Stadt wie jede andere. Ihr habt mir für sie eine andere Brille aufgesetzt. Durch euch habe ich eine zweite Heimat erhalten. Eine Stadt, in der ich mich zu Hause fühlte fast wie in dem Dorf, in dem ich aufgewachsen bin. Schon früh beschäftigte mich eine egoistische Frage: Wie wird das mal sein, wenn es euch nicht mehr gibt? Wie oft werde ich dann noch in der Stadt am See sein? Was soll ich hier machen? Was habe ich hier noch verloren? Und was würde mir die Stadt noch bedeuten? Denn ein Besuch in Bregenz gab es eigentlich immer nur in Kombination mit einem Besuch, selbst wenn er noch so kurz war, bei dir. Auch deshalb fürchtete ich mich vor Tag X. Bei anderen, die wie ich eine Mutter oder Großmutter in einem anderen Land, in einer weiter entfernten Stadt hatten, bekam ich mit, wie mit dem Tod sämtliche Brücken abbrachen. Kaum mehr etwas führte sie dorthin. Ein Zufluchtsort hatte sich in Luft aufgelöst. Mit dem Tod starb auch der Bezug zu einem

Ort. Ich habe nach deinem Tod zum Glück das Gegenteil erlebt: Du bist weg, aber da ist noch ein Ort, den ich besuchen kann. Mit einem Ausflug in deine Stadt mit all den Straßen und Plätzen kann ich die Erinnerungen an dich lebendig halten. Ich habe mehr als nur dein Grab, das ich besuchen kann. Natürlich bin ich heute nur noch einige wenige Male im Jahr in Bregenz. Erst seit du weg bist, nehme ich deine Stadt so bewusst wahr und erkenne, wie viel von dir in ihr steckt. Es tut gut, dort hinfahren zu können und für einen Vormittag oder Nachmittag lang wieder in unsere Welt abzutauchen. Ich spaziere die alten Wege ab. Du bist hier präsent. Die Stadt ist voller Plätze, die mir helfen, Erinnerungen an dich wachzurufen. Sie geben mir Kraft. Und auch heute, wenn ich auf dem Weg in die Stadt oder auf dem Weg zurück an deinem Hochhaus vorbeifahre, schaue ich kurz hoch, suche dein Küchenfenster. Ich schaue, ob Licht brennt. Bist du noch wach? Was du jetzt wohl gerade machst?

SICH AN ETWAS FESTHALTEN

Die Kirche ist bis auf den letzten Platz besetzt. Die Orgel erklingt feierlich. Wir Erstkommunionkinder ziehen ein, alle tragen weiße Kleider, die Mädchen haben Blumenkränze im Haar. Viele Eltern und Großeltern blicken ziemlich gerührt. Wir Kinder stellen uns in eine lange Reihe. Es geht nur langsam vorwärts, bis wir endlich zum ersten Mal die heilige Kommunion erhalten. Ich beobachte es aus dem Augenwinkel: Einigen Omas rinnen Tränen der Rührung über die Wange. Es wird eifrig fotografiert – damals natürlich noch ganz analog. Selbstverständlich habe ich in diesem Moment nicht auf dich geachtet, aber eines weiß ich sicher: Du verfolgtest diese Szene interessiert, aber so ziemlich ohne Emotionen. Du hattest kaum einen Bezug zum Sakrament, zum Abendmahl. Nach dem Gottesdienst, auf der Treppe vor der Kirche, werden zuerst Erinnerungsbilder geknipst: die gesamte Erstkommuniongruppe, dann jeder einzeln mit den Eltern, Großeltern, der ganzen Familie. Du zeigst dich nicht gerührt, sondern positiv überrascht: »Die Predigt – so lebensnah! Impulse für den Alltag.«

Du tatest dich eher schwer damit, dass ich mich schon so früh für Kirche interessierte, dass ich ministrieren wollte und mich in der Pfarrei engagierte. Andere wurden hartnäckig von den Eltern und erst recht von den Großeltern zu allen kirchlichen Angeboten gedrängt, ich tat es so ziemlich aus eigener Entscheidung. Einfach, weil es mich interessierte und ich neugierig war.

»Ich studiere Theologie.« Was hast du wirklich gedacht, als ich dir zum ersten Mal von meinen Studienplänen erzählte? Es muss etwa ein Jahr vor der Matura, dem Abitur, gewesen sein. Andere Großeltern hätten sich fast nicht mehr eingekriegt vor Begeisterung und die Nachricht mit stolzgeschwellter Brust nach dem Sonntagsgottesdienst beim Tratsch vor der Kirche lauthals verkündet. Der Enkel studiert Theologie? Ziel erreicht! Ich kann mich an keine negative Reaktion von dir erinnern, aber du hättest dir definitiv etwas ganz anderes vorgestellt: Germanistik, Psychologie, Medizin. Fächer, die auch dich gereizt hätten. Großeltern sind besonders wichtig für die Glaubensweitergabe, heißt es heute oft. Bei meinen Freunden habe ich das mit eigenen Augen mitbekommen: Omas und Opa sind religiös, wenn nicht sogar fromm. Sie beten regelmäßig, sind Teil der Rosenkranzgruppe, sie gehen jeden Sonntag in die Kirche – und die Enkelkinder müssen selbstverständlich mit. Es ist ihr größter Wunsch, dass sich die Enkelkinder für die Erstkommunion, die Firmung oder die Konfirmation entscheiden. Bei den Festgottesdiensten sind sie dann meist mehr ergriffen als die Kinder oder Jugendlichen selbst. Bei uns war es genau umgekehrt. Ich versuchte, dich zu motivieren, ab und zu in die Kirche zu gehen. Als ich Theologie studierte, fragtest du mich immer wieder mal aus über die Studieninhalte und stelltest erstaunt fest, dass hinter Bibel, Glauben und Co. doch mehr steckt als frommes Geschwurbel und strenge Dogmen, mit denen man naiven Gläubigen das Leben zur Hölle macht. Irgendwann kam bei meinen Freunden der Moment, wo sie sich deutlich von Werten und Normen ihrer Großeltern distanzieren oder sie als von gestern abtun mussten. Die traditionelle religiöse Welt? Passt doch nicht mehr in die heutige Zeit! Begriffen die nicht, dass das alles nicht so einfach war, wie sie sich vormachten? Dass ihre Glaubenslogik an manchen Stellen ziemlich holperte? Das hatte ich bei dir schon früh mitbekommen. Du wolltest mit Kirche nichts zu tun haben. Nicht weit von deiner Wohnung befindet sich das Benediktinerkloster Mehrerau. Wir kamen oft auf Spaziergängen oder bei Ausflügen mit den Fahrrädern daran vorbei. Ich wollte immer stehen bleiben und einen Blick in die Klosterkirche werfen. Sie war meistens leer. Mich faszinierte die Stille, das mysteriöse Spiel von Licht und Dunkelheit. Mir zuliebe stiegst du ab und begleitetest mich hinein. Andere Großeltern hätten eine Kerze angezündet, sich für ein kurzes Gebet in die Bank gesetzt, dieses oder jenes gezeigt und erklärt. Du bliebst bei der Tür stehen. Umso überraschender war es für mich, wie ich als Jugendlicher mitbekam, dass du doch auf der Suche warst. Du begleitest eine Freundin zu irgendwelchen Esoterikangeboten, ließest dich neugierig auf Experimente ein. Einfach weil es dich interessiert hat. Mir war das nicht ganz geheuer. Doch ich konnte ich mich auf dich verlassen: Du bliebst die kritische Person. Du merktest meistens sehr schnell und ohne Hinweise von mir, dass gerade das, was besonders schillernd und mysteriös war, oft erst recht eine riesige Inszenierung, Geldmacherei oder mit deinen Worten »ein Schmarrn« war.

Du hast mich nicht mit vorgefertigten Antworten abgespeist und mir eine heile religiöse Welt vorgegaukelt. Dass hattest du schon bei meiner Mutter so gemacht. Als evangelisches Kind im katholischen Vorarlberg war sie die Außenseiterin und fast immer die Einzige der Klasse, die nicht am Religionsunterricht, an der Erstkommunionvorbereitung teilnahm. Diese Erfahrung führte dazu, dass es meiner Mutter sehr wichtig war, dass ich die Angebote der katholischen Kirche wenigstens einmal ausprobierte. Haben auch dich die Erfahrungen meiner Mutter geprägt, deine Aversion gegenüber Glaubensgemeinschaften verstärkt?

Du hast mir etwas beigebracht, worauf meine Eltern nie gekommen wären. Denn mit diesem Merksatz hätten sie wohl ein fatales Erziehungseigentor erzielt: »Nicht einfach etwas machen, weil es alle machen. Nicht einfach etwas machen, weil es von einem erwartet oder verlangt wird. Nicht die Vernunft ausschalten, kritisch nachfragen. Entscheide dich aus freien Stücken. Wage es, Nein zu sagen, und habe kein schlechtes Gewissen dabei.« Diese Haltung hat mich fasziniert und beeindruckt. Ich spürte schon als Kind, dass sie alles andere als selbstverständlich ist. Vielleicht hast du mit deinem kritischen Verhalten auch ein Fundament dafür gelegt, dass ich mich ganz selbstständig für Glauben und Theologie zu interessieren begann. Ich musste nicht rebellieren, mich nicht von irgendwem abgrenzen. Oder war es einfach eine umgekehrte Abgrenzung? Heute muss ich schmunzeln, wenn ich an deinen wichtigsten Glaubenssatz denke. Denn dieser war eigentlich dann doch wieder überraschend radikal religiös: »Jeder muss etwas haben, an dem man sich festhalten kann.« Zu diesem Schluss kamst du oft, wenn wir über Glaubensfragen sprachen. Es war einer der Sätze, den ich immer wieder von dir gehört habe. Er war dein persönliches Glaubensbekenntnis.

DAS KOSTBARSTE GESCHENK

Alle Kinder strecken die Hände weit nach oben. Autorenlesung an einer Grundschule. Wir sind bei der Fragerunde angekommen. Die Schülerinnen und Schüler wollen vieles erfahren. »Hat Ihre Familie Sie unterstützt?«, fragt eine zehnjährige Schülerin, eine andere will wissen: »Wie reagierten Ihre Eltern darauf, dass Sie Autor werden wollten?« Bei fast jeder Lesung tauchen diese Fragen auf. Während ich sie beantworte, läuft vor meinem geistigen Auge der Film ab. Wie fing alles an? Du hast dabei eine wichtige Rolle gespielt. Und das schon lange bevor es darum ging, Geschichten zu erzählen und aufzuschreiben. »Was machen wir heute?« Wir warteten im Auto an der Ampel, und du drehtest dich erwartungsvoll zu mir nach hinten. Irgendwann kam diese Frage immer. Entweder schon am Telefon, wenn ich mich erkundigte, wann du mich abholtest.

Oder dann, wenn ich bei dir im Auto saß und das Abenteuer schon begonnen hatte.

Du warst nie die Entertainerin, die mich bei meiner Ankunft schon mit einem fixfertigen Programm erwartete oder mir einfach ein paar Ausflugideen zur Wahl stellte: »X, Y oder Z – worauf hast du Lust?« Das war meine Aufgabe. Heute bekomme ich ab und zu mit, dass sich manche Großeltern in ihre Rolle als Oma oder Opa stürzen wie in die Karriere eines Spitzensportlers: Sie bieten ihren Enkelkindern das ultimative Erlebnisprogramm. Ein Enkelnachmittag oder -wochenende ist durchgetaktet wie der Terminplan eines CEO. Sie vergleichen sich ständig mit anderen, lesen Fachzeitschriften, suchen überall Tipps zusammen, was einen zur »perfekten« Oma und Opa macht, was man auf jeden Fall tun oder lassen soll, in der ständigen Angst, etwas falsch zu machen.

Arme Kinder, ich beneide euch nicht!

Haben sie überhaupt noch die Möglichkeit, sich selbst etwas auszudenken, eigene Wünsche und Ideen zu entwickeln – spornt sie jemand an, etwas Eigenes zu entwickeln? Ich weiß nicht, wie bewusst es du getan hast; vielleicht war es auch einfach intuitiv: Bei dir war so viel Raum für meine Ideen. Ich war sogar gezwungen, mir etwas auszudenken. Die

Stille in deiner Wohnung. Oft fühlte es sich an, als hättest du die Pausentaste gedrückt und vergessen, wo sich die Fernbedienung befindet. Völlige Ereignislosigkeit. Fast nicht auszuhalten für einen Sieben- oder Achtjährigen. In deiner Wohnung war es still und langweilig, du im Schlafzimmer, weil du deine Pausen brauchtest. Ich musste mich inzwischen mit mir selber beschäftigen. Es war das beste Training für meine Fantasie. Weit und breit keine Spielsachen, kein Handy, keine anderen Kinder. Und dann: Zack! Plötzlich ging in meinem Kopf ein Feuerwerk los, und ich begann zu improvisieren: die Unterlagen in deinem Arbeitszimmer, die Teedosen im Schrank über dem Herd ... Aus dem Nichts etwas kreieren. Die ganze Wohnung war mein Spielzimmer. Ich musste keine Erlaubnis einholen. Ich wusste, dass nicht mit Widerspruch, keinem »Nein, das geht jetzt nicht« zu rechnen war. Im Gegenteil: Du ergänztest meine Ideen, meine Pläne mit weiteren Details.

Meine Ideen waren jetzt aus dem Käfig. Schon bald ließen sie sich nicht mehr bändigen. Ein Gerät zog mich von Anfang an wie magisch an: der kleine Fotokopierer in Opas Büro. Opa benötigte ihn für seine Buchhaltung. Hier kopierte ich meine ersten Texte. Wahrscheinlich kam ich durch ein Buch oder eine TV-Serie auf diese bahnbrechende Idee. Oder lag es vielleicht doch an den *Benjamin Blümchen*-Hörspiel-Kassetten, die ich von dir bekommen hatte? Karla Kolumna, die rasende Reporterin, die in dieser Reihe eine wichtige Rolle spielt, hatte es mir angetan. Plötzlich stand für mich fest: Meine Schule braucht ein Schülermagazin. Mit Opas Erlaubnis durfte ich mein Magazin vervielfältigen. Wenn es um konkrete Unternehmungen, Projekte ging, dann ließ sich auch Opa sehr schnell ins Boot holen und packte tatkräftig mit an. Als Dank drückte ich euch jeweils ein Exemplar des noch kopierwarmen Magazins in die Hand. Ihr habt sie tapfer gelesen, bei allen Fehlern ein Auge zugedrückt, selbst beim dämlichsten Witz geschmunzelt und zu jedem einzelnen Beitrag eine Rückmeldung gegeben. Ich weiß nicht mehr, wie viele Ausgaben erschienen. Sechs, zwölf? Ab jetzt war ich Reporter. Karla Kolumna, schon bald lernen wir uns in der Redaktionskonferenz kennen! Auch meine Eltern interessierten sich für meine Texte. Aber du hast sie regelrecht verschlungen. Du hast sie ganz genau gelesen und zwischen den Zeilen Dinge entdeckt, die mir selber noch gar nicht bewusst waren. Du hast mich zwar nicht aufgefordert, mehr zu schreiben und dranzubleiben. Aber immer wieder mal, oft ganz beiläufig, gefragt, ob es etwas Neues gibt.

Da war deine Ermunterung, das zu tun, was mir wichtig ist. Du selbst hast das auch immer versucht. Ich war schon als Kind kreativ. Wenn andere Kinder ein mutloses »Bringt doch nichts!« äußerten und die Hände in den Schoß legten, probierte ich es aus. Nicht, dass ich naiv war oder die Realität ausblendete. Du hast mir Pragmatismus in die Wiege gelegt. Einfach mal machen, ohne einen Gedanken an den Widerstand, an das Scheitern.

Du warst nie die Stimmungskanone, die die Aufmerksamkeit aller auf sich zieht, Witze reißt, lauthals herumbrüllt. Dafür warst du viel zu kontrolliert. Du nahmst lieber die Rolle der verantwortungsvollen Gastgeberin ein, die darum besorgt ist, dass alles passt, dass sich alle wohlfühlen, dass alle mit einem positiven Gefühl nach Hause gehen. Deine Gastfreundlichkeit kannte keine Grenzen: Egal ob enge Freundin oder eine Bekannte, die gerade etwas vorbeigebracht hatte, sie alle wurden großzügig bewirtet. Der Tisch mit einer frischen Decke eingekleidet, mit dem teuren Kaffeeservice gedeckt, reichlich Kaffee, Tee und Cognac ausgeschenkt und üppige Kuchenstücke abgeschnitten. »Darf es noch eines sein?«

Du warst mir von Anfang an näher als Opa. Opas Welt war mir fremd. Opa war der Sportliche, der ehemalige Fußballer, der Handwerker, der Häuser baute. Er war der Rechner, der über Kalkulationen brütete, nur die Arbeit im Kopf hatte. Opa las in der Zeitung nur den Wirtschafts- und Politik-Teil und stürzte sich dann – als Höhepunkt – auf die Anzeigen mit den Sonderangeboten. Opa war Eigenbrötler, alles andere als ausgeglichen mit seinem ausgeprägten cholerischen Charakter und seiner Angewohnheit, in jeder Hiobsbotschaft die große Katastrophe und häufig gleich den Weltuntergang zu sehen. Ich erinnere mich: Als die Amerikaner das erste Mal im Irak einmarschierten, sorgte er mit Hamsterkäufen vor. Die Abstellkammer war komplett vollgeräumt mit Konserven. Oft verfolgte er mit einem tiefen Stirnrunzeln die Nachrichten im Fernsehen. Nachdem ihr euer Geschäft verkauft hattet und er mehr Zeit hatte, prägte sich das weiter aus. Du versuchtest oft, ihn von seiner Grummelstimmung zu befreien, bliebst gelassen und besonnen. Natürlich bekam ich mit, wie es immer wieder zwischen euch krachte. Wie da zwei ganz unterschiedliche Lebenseinstellungen aufeinandertrafen.

Dein Hang zum Luxus, zum Genuss: Opa war das pure Gegenteil. Seine Sparsamkeit entwickelte sich mit zunehmendem Alter immer mehr zur Selbstkasteiung. War er einfach nur unsicher im Umgang mit mir und meinem Bruder? Lag es an mangelnder Kindererfahrung? Er kam aus einer Zeit, in der noch keiner über eine bewusste Gestaltung der Vater-Rolle und schon gar nicht über die Großvater-Rolle sprach. Für Haushalt, für Familie war die Frau zuständig. Dass das bei der nächsten Großvätergeneration ganz anders ist, beobachte ich heute oft in der Bahn und im Bus. Opas leben ihre Rolle lustvoll aus.

Die CDs in deinem Bücherregal sind heute mit einer dicken Staubschicht bedeckt. Wohl schon seit zwanzig Jahren hat sie niemand mehr angerührt. Dich haben geprägt Freddy Quinn, Conny Froboess und Lolita. Wir hatten im Supermarkt eine Best-Of-CD zum Sonderpreis ergattert. Wir saßen auf deinem Sofa und hörten sie an. Doch du wolltest die Songs nicht kommentieren. Es kamen nicht die Erinnerungen, auf die ich gehofft hatte. Und ja, insgeheim musste ich dir recht geben: Die Songs klangen antiquiert, die Sängerinnen und Sänger sangen von einer Welt, in der ich mir dich so gar nicht vorstellen konnte. Kannst du wirklich aus dieser Welt? Ich war geprägt von den *Spice Girls* und *Tic Tac Toe.* Unverständlich war für mich, dass du mit Musik, die mich berührte und die ich rauf und runter hörte, überhaupt nichts anfangen konntest. Bei traurigen, melancholischen Songs verzogst du dich schnell in die Küche, du wolltest sie dir nicht anhören. In solchen Momenten spürte ich, dass das noch etwas anderes war. Dass es da noch eine Seite gab, die du nicht zeigen wolltest. Eine große Verletzlichkeit, ein Schmerz. Erst als Erwachsener habe ich verstanden, dass all diese Songs von der großen Liebe, von Betrug, Trennung und Sehnsucht zu viel von deiner wechselvollen Geschichte mit Opa enthielten. Was war es wirklich? Was ging in dir vor? Du hast dir nie ganz in die Karten blicken lassen.

Du bliebst ein froher Mensch, auch wenn Opa Trübsal blies. Wie gelang es dir, dich trotz seiner Nähe so abzugrenzen und dich nicht von seinen destruktiven Gedanken, von seinem Hang zum Katastrophismus anstecken zu lassen? Ich erlebte oft selbst, wie viel Kraft es kostete, ihm die Stirn zu bieten – und ich erlebte das immer nur für ein paar Stunden und nicht rund um die Uhr. Selbst mit ganz viel guter Laune und einer riesigen Ladung Argumente kam man nicht dagegen an. Erst ganz am Schluss begann es, sich doch noch ein bisschen abzufärben. Ich erinnere mich daran, wie du in den letzten Jahren dann oft beim Fernsehen verständnislos den Kopf geschüttelt hast: »Warum kann jemand so grausam sein?« Heute tut es mir leid, dass ich mit dir nicht mehr über diese Gefühle gesprochen habe. »Das ist doch nur ein Film!«, verwarf ich deine Äußerungen und wechselte dann schnell, vielleicht sogar ein bisschen unwirsch, das Thema. Ich bekam zwar mit, dass es dir immer mehr so ging wie Teenagern, die sich total mit einem Serienhelden identifizieren und sich von Geschehnissen in Serien und Filmen zu Nachahmungstaten verleiten lassen. Es tut mir leid, dass ich nicht realisiert hatte, dass du, eingesperrt in die Wohnung, deinen Gedanken nicht entkommen konntest und deshalb auch Zeit, viel zu viel davon, hattest, dich in das Schicksal der Protagonisten der Serien und Filme hineinzudenken. Wie sich deine eigene Hoffnungslosigkeit mit der Ausswegs- und Sinnlosigkeit dieser unglücklichen Protagonistinnen und Protagonisten paarte. Der Fernseher war am Ende fast das einzige Tor zur Welt und die TV-Sender bestimmten, welche Bilder der Welt du zu Gesicht bekamst. Die Krankheit hatte dein Schutzschild bröckelig gemacht. In diesen Momenten hätte ich erst recht an deiner Seite sein und dich vom Gegenteil überzeugen müssen. Ich hätte noch konsequenter die neue Rolle, die ich jetzt hatte, wahrnehmen müssen. Ja, es gibt dieses

Dunkle, ja, es gibt dieses Grausame. Aber gibt es nicht auch genügend Beispiele von positiven Wendungen? Nicht um dir etwas einzureden, sondern einfach um dich an das zu erinnern, was mir immer so an dir gefallen hatte: dein Optimismus, dein Vertrauen. Wie konntest du vergessen, was du mir die ganze Kindheit und Jugend immer und immer wieder beigebracht hast? Ich hätte dich darauf aufmerksam machen müssen.

Irgendwann blieb der Fernseher aus. Alle Sendungen waren dir zu laut, zu grell, zu schnell. Die totale Reizüberflutung. Du wolltest keine Impulse mehr. Ähnlich wie vor Jahren dein Hinweis, dass du ab sofort nichts mehr an der Wohnung machen möchtest, weil sich das nicht mehr lohnen würde, erkannte ich auch hier, dass diese Entscheidung eine Schwelle markierte. Du hattest mit einem Abschnitt abgeschlossen und den Schlüssel weggeworfen. Jede Diskussion war sinnlos, es gab kein Zurück mehr. Du wolltest jetzt einfach nur warten. In der Hoffnung, es würde nicht mehr lange dauern. Du hattest mit allem abgeschlossen. Du warst bereit für das Adieu.

LATERNEN AM WEGESRAND

Ich klaube immer mehr Bücher aus meinen Regalen. Der Schreibtisch, der Boden sind schon übersät mit ganz vielen aufgeschlagenen Exemplaren. Und doch bin ich noch nicht am Ziel. Es fällt nicht leicht, passende Texte für deine Trauerfeier zu finden. Mit dem Pfarrer sprechen wir über dich, rekapitulieren dein Leben. Und wir weisen ihn auf deine Wünsche hin. Dass du eigentlich lieber auf das hier verzichtet hättest. Es ist mir wichtig, die Textauswahl zu übernehmen. Bei dieser Feier sollen nur Worte vorkommen, die zu dir passen. In den Monaten bevor du gegangen bist, konnten wir uns mit dir auf diesen Kompromiss einigen: ein Gottesdienst, aber authentisch, nichts Aufgesetztes, nichts Salbungsvolles, nichts Frommes, das dir nicht entsprochen hätte. Du vertrautest mir. Lange sitze ich an der Traueranzeige. Wie das Unmögliche schaffen, dich mit wenigen Sätzen umfassend zu beschreiben? Den Ordner mit den Textvorschlägen, den uns die Bestatterin in die Hand drückt, schlage ich sofort wieder zu. So viele abgedroschene Phrasen. Du hättest die Nase gerümpft. Zu Hause blättere ich in vielen Büchern. Spirituelle, philosophische, belletristische. Ich durchsuche das Internet. Ich lese Text um Text, manche lese ich mehrmals, es kommt mir vor, als würdest du neben mir sitzen so wie früher, wenn wir uns über ein Buch unterhalten haben. Ich will deine Meinung hören. *Wie findest du das? Spricht dich das an?* Dieser stille Dialog tut gut. Er ruft mir noch-mals in Erinnerung, wie du warst und wie du nicht. In jedem Text eine andere Facette von dir. Manche Texte tun weh, manche bringen mich zum Schmun-zeln. Du bist nicht mehr unter uns, aber du bist trotzdem noch da.

Bei der Lyrikerin Hilde Domin werde ich schließlich fündig. Das ist es. In einem Gedicht be-schreibt sie die Hoffnung, ganz kleine bleibende Spuren zu hinterlassen – im Vorbeigehen, ganz ab-sichtslos, die eine oder andere Laterne am Wegrand anzuzünden.

Ich gehe vorüber –
aber ich lasse vielleicht
den kleinen Ton meiner Stimme,

mein Lachen und meine Tränen
und auch den Gruß der Bäume am Abend
auf einem Stückchen Papier.

Und im Vorbeigehn
ganz absichtslos,
zünde ich die ein oder andere Laterne an
in den Herzen am Wegrand.

HILDE DOMIN

Die Melancholie gepaart mit Gelassenheit spricht mich an. So warst du. Es beschreibt das Ende deines Weges. Am Ende deines Weges brennen viele Laternen. Bei vielen Menschen hast du Hoffnung und Optimismus gesät, du hast – ohne dass es dir bewusst war – viele Lichter angezündet. Das wird mir in den Gesprächen nach der Trauerfeier noch klarer. Was hättest du zu diesem Gedicht gesagt? Ich bin sicher, dass du gleich mehr über die Autorin hättest erfahren wollen und dich vielleicht sogar ein bisschen mit ihr identifiziert hättest. Dich hätte die klare Sprache, das Reduzierte angesprochen. Dir hätte gefallen, dass Hilde Domin bis zum Schluss eine vornehme Lady blieb.

Die Feier wird schlicht. Kein Geschwurbel, keine Lobhudelei, keine Schönfärberei. Du wirst sichtbar mit allen Ecken und Kanten. Mit allen offenen Fragen, den Widersprüchen. Damit, dass dich bis zuletzt keiner ganz durchschaut hatte. Die Musik ist zurückhaltend. Es sind nicht viele Menschen in der Kirche, aber alle, die in den letzten Jahren an deiner Seite waren. Uns verbinden die Erinnerungen an dich. Die guten Wünsche, die wir dir auf den Weg geben

Es ist das zweitletzte Grab in der langen Reihe direkt am Kiesweg. Nur ein paar Schritte vom Brunnen entfernt, bei dem im Sommer die Hinterbliebenen die Gießkannen mit Wasser füllen. Es ist ein schlichtes Familiengrab. Als Kind habe ich dir oft geholfen, es vom Laub zu befreien, Unkraut zu jäten, die Blumen zu gießen, die Kerze in der Laterne anzuzünden. So lange her, und eigentlich war es doch erst gestern. Ganz unten, es ist der vierte Name, bist du aufgeführt. Nur ein Name und zwei Jahreszahlen. Sie fassen ein ganzes Leben, eine ganze Welt zusammen. Alles schlicht und nüchtern gehalten. So hast du es dir gewünscht.

Du bist immer noch da. Die Erinnerungen, die Bilder in mir. Das ist eine große Schatztruhe, aus der ich jederzeit etwas herausnehmen kann. Dein unerschütterlicher Glaube an mich. Dass da jemand war, der alles gut fand, was ich dachte und machte – selbst dann, wenn ich mit mir selbst mehr als kritisch war, an allem zweifelte und wusste, dass etwas komplett in die Hose gegangen war. Du hast mir Mut gemacht. Den Optimismus werde ich mir bewahren, versprochen! Immer, wenn es eng wird, denke ich an dich und rufe mir Erinnerung, was du getan hättest. Und dann biete ich ihnen die Stirn. Du hast mir gezeigt, dass man auch mit fünfzig, sechzig, siebzig etwas wagen kann, dass es nie zu spät ist, mit etwas Neuem anzufangen. Es bleibt das Bewusstsein, mich nicht aufhalten, nicht zu stoppen zu lassen. Du hast diesen Samen in mir gesät, die Saat ist aufgegangen. Konventionen und Erwartungshaltungen, verzieht euch! An manchen Tagen kommt es mir auch so vor, als hättest du mir das Versprechen abgerungen, es besser zu machen als du – das, was du begonnen hast, fortzusetzen. Das, was dir vielleicht nur in Teilen gelungen ist, noch umfassender auszuführen.

Du bist immer noch da. Opa, der jetzt in deiner Wohnung wohnt, Mama und ich teilen Erinnerungen. Wir setzen Erinnerungs-Puzzlesteine von Geburtstags-, Weihnachts- und Osterfesten, die wir gemeinsam erlebt haben, zusammen. Eigentlich sprechen wir ständig über dich. Wir lächeln dabei ab und zu über deine Angewohnheiten, Marotten, Ticks und Floskeln. Ich vermisse sie. Wärst du dabei, würdest du mitschmunzeln. Dabei wird auch sichtbar, wie unterschiedlich jeder dich in verschiedenen Momenten erlebt hat. Wie für jeden andere Situationen prägend waren. Opa spricht von einem Ausflug an einem Wintertag, als ihr mit dem Auto auf einem Hügel stecken geblieben seid. Mama erinnert sich. Ich höre ihnen zu und sehe vor meinem Auge alles wie in einem Slapstick-Stummfilm ablaufen. Es tat gut, in den Wochen, Monaten danach und auch heute noch ab und zu in der Wohnung sein zu können. Einfach so.

Du bist immer noch da. Du schleichst dich manchmal in meine Gedanken, während ich im Kino darauf warte, dass der Film beginnt. Das stellen wir uns auch fest, wenn mich meine Familie dabei ertappt, wie ich mich bei einem Treffen oder am Telefon wie du verhalte. Meine Begeisterung für Advent und Weihnachten und das Bedürfnis, den Dezember mit allem Drum und Dran zu zelebrieren. Du steckst im Zauber dieser Zeit. Deine Sturheit ist meine. Ich möchte mir etwas bewahren von dir, dich mitnehmen in meine Zukunft. Wie du möchte ich dranbleiben und offen sein für das Kommende, dem Neuen neugierig begegnen, auch mit zunehmendem Alter. Du bleibst eine Quelle der Inspiration. Immer wenn ich über dich nachdenke, erfahre ich auch ein bisschen mehr über mich. Indem ich versuche, dich besser zu verstehen, verstehe ich auch mich selbst. Je mehr Zeit vergeht, umso mehr wird mir bewusst, wie sehr du mich geprägt hast. Manche Eigenschaften überspringen eine Generation, um dann bei der übernächsten umso deutlicher hervorzutreten, heißt es.

Es tut gut, heute mit Freunden in meinem Alter über Erlebnisse mit den Großeltern zu sprechen. Ihre Erlebnisse und Weisheiten zu teilen. Was haben wir von ihnen gelernt? Wo wollen wir uns von ihnen eine Scheibe abschneiden – und wie auf keinen Fall werden? Wenn wir die Erinnerungen an sie wachhalten, sind alle Omas und Opas immer noch ein bisschen hier. Anhand von ihnen erkennen wir, was im Leben wichtig ist. Was gilt es, nicht zu verpassen? Was will ich unbedingt erleben? Wir stellen gemeinsam eine *Bucket list* zusammen, eine Liste all der Dinge, die jeder vor seinem Tod unbedingt noch erledigen will.

Was bleibt? Das Bedürfnis, dich manchmal einfach nur kurz anrufen und mit dir über all das zu sprechen zu können, was mich beschäftigt. Die

129

Sehnsucht nach einem Ort, wo alles gut ist, egal was da draußen passiert. Eine Sehnsucht nach Gemütlichkeit, wie es sie nur mit dir in deiner Wohnung gab. Die totale Entschleunigung, Oasen im rauschenden Fluss der Zeit, die selbst 2017 nicht viel anders waren als in den 1990er-Jahren. Doch gerade dann, wenn es eng wird oder ich vor lauter Bequemlichkeit mich dem Mainstream fügen möchte und etwas tue, nur weil es alle tun, kommt es mir fast vor, als ob ein bisschen von dir jetzt in mir ist. Eine Kraft, die mich wachrüttelt. Ein Kompass, der mir die Richtung zeigt. Als würdest du neben mir sitzen, nur ein paar Sekunden lang. Hast du mir zugezwinkert? Ich lächele in Gedanken zurück, räuspere mich und bringe mich dann mir meiner eigenen Meinung ein oder frage kritisch nach.

Es bleibt die Dankbarkeit, dass du so lange bei mir warst. Dass du einfach da warst. Dass du nicht nur meine Kindheit, sondern auch meine Jugend begleitet hast und ich dich als Erwachsener nochmals neu kennenlernen durfte. Du bist nicht einfach nur eine Erinnerung aus der fernen Kindheit. Ich bin dankbar, dass du nicht einfach plötzlich weg warst. Dass wir uns alle gemeinsam auf den Abschied vorbereiten konnten. Dass es doch noch so viele Treffen und Gespräche wurden. Es hat geholfen und vieles einfacher gemacht, darin immer deutlicher herauszuhören, dass du dich nicht ans Leben klammertest, dass du gehen wolltest. Wie wärst du mit neunzig, mit hundert gewesen? Ich habe mir das oft mit vielen Farben ausgemalt. Ich hatte mir gewünscht, mit dir deinen hundertsten Geburtstag feiern zu können. In manchen ruhigen Minuten versuche ich, mir dich in diesem Alter vorzustellen. Du hast mir schon als Kind mehr als deutlich gemacht, dass das überhaupt nicht dein Plan ist.

Was bleibt? Die Hoffnung, dass du am Ende zufrieden gegangen bist. In manchen Momenten stelle ich mir es kindlich naiv vor: Wie du da oben bei Gott zwischendurch aus der Reihe tanzt und über dich selbst und dein Leben schmunzelst. Flirzt du in einem schicken Sportwagen über die Wolken? Hast du zum Schluss doch noch deine Meinung geändert? War da doch eine kleine Gewissheit oder wenigstens eine Hoffnung, dass du erwartet wirst? Dass es weitergeht, dass da nicht einfach nur die Dunkelheit, das Nichts kommt. Ich wünsche mir, dass da trotz allem in dir ein kleiner Funke Hoffnung war oder zumindest die Neugier, was danach passiert.

Du bleibst ein Vorbild für mich. Du warst immer wieder für Überraschungen gut.

Vielleicht auch ganz am Schluss.

Im Dunkeln leuchtet ein Skelett mit einer hässlichen Fratze auf. Nur ein paar Augenblicke, dann wieder schwarz. Der kleine Wagen saust auf die Schwingtür zu, sofort geht diese wie von Zauberhand auf. Wir verschwinden in der Dunkelheit. Es ist eng im Wagen. Wir klammern uns beide vorne am Bügel fest. Ich drücke mich an dich. Die Schienen rattern. Ab und zu ist erschrockenes Kreischen aus dem Wagen vor uns zu hören. Er muss ein paar Meter weiter vorne sein, auch wenn wir ihn nicht sehen können. Eine Weile ist alles nur schwarz. Aus einem unsichtbaren Lautsprecher erklingt das Klirren von Ketten. Ich kneife die Augen zu und mache mich ganz klein. Der Wagen biegt um die Ecke. Der Fahrtwind pfeift uns um die Ohren. Frühlingsfest. Der Parkplatz am See ist mit Buden und Karussellen gefüllt. Scheinwerfer blinken, Hupen und Sirenen kreischen um die Wette, laute Popmusik aus den Boxen. Der Duft nach Zuckerwatte in der Luft. Wie jedes Jahr, wenn der Rummelplatz nach Bregenz kommt, fahren wir mit der Geisterbahn. Ich grusle mich, ich wünsche uns weit weg, und doch wünsche ich mir, die Fahrt dauert noch ganz lange. Denn trotz allem fühle ich mich geborgen. Ich spüre: Egal, was passiert, du bist da. Es gelingt uns, jeder Gefahr auszuweichen. Nichts kann uns was anhaben. Da kann es noch so laut knattern und quietschen. Egal, wie fürchterlich es ist, es wird sich alles wieder ändern. Und da, endlich – Tageslicht! Wir blinzeln, die Augen müssen sich erst wieder daran gewöhnen. Die Türen schwingen auf, wir sind wieder draußen. Der Bügel geht nach oben. Erleichtert klettern wir aus dem Wagen. Geschafft! Du bist an meiner Seite. Mit dir an meiner Seite zwinge ich jedes Gespenst in die Knie.

© Ana Kontoulis

134